Der Reisebegleiter

# Polen Süd

von Reiner Elwers
und Detlev von Oppeln

Argon / PVB

| | |
|---|---|
| © 1992 | Argon Verlag GmbH
Potsdamer Straße 77-87
W-1000 Berlin 30
und Potsdamer Verlagsbuchhandlung
Gutenbergstraße 71-72
O-1561 Potsdam |
| © **Karten** | Ahmadi, Berlin |
| **Bildnachweis** | Argon Archiv & Tagesspiegel:
39, 66 u, 78, 99
Bildarchiv Preußischer Kulturbesitz, Berlin: 11, 57, 62 f, 72 f
Interpress, Warszawa: 25 u, 26 u, 27 o, 30, 31, 32 o
Jürgens Ost-Europa-Foto, Berlin: 12, 28, 36, 58, 84, 87, 88, 96, 97
Gero Kirchner, Berlin: 4, 17, 18, 19, 20, 21, 22, 23, 24, 25 o, 26, 27 u, 29, 32 u, 38, 40, 42, 43, 44, 45, 46, 47, 48, 49, 50, 51, 52, 53, 54, 55, 56, 64, 65, 66 o, 67, 74, 75, 76, 77, 79, 80, 81, 90, 93, 95, 98, 100, 101, 102, 103, 104, 105, 106, 120
Longin Wawrynkiewicz, Warszawa: 92
Polska Agencja Informacyja, Warszawa: 83 |
| **Umschlag** | Maria Herrlich |
| **Satz** | Mercator Druckerei GmbH, Berlin |
| **Lithografie** | Graphische Werkstätten Berlin GmbH;
Reichenberg GmbH, Bocholt |
| **Druck und Bindung** | Merkur-Druck Mayer, Ostfildern |
| **Vertrieb** | Argon Verlag GmbH |
| **ISBN** | 3-87024-211-6 |

# Inhalt

| | |
|---|---|
| 5 | Einleitung |
| 7 | Polen – Allgemeines |
| 10 | Tausend Jahre polnische Geschichte |
| 17 | Ein Streifzug in Bildern |
| 33 | Architektur in Polen |
| 36 | Die polnische Kirche |
| 39 | Schlesien/Śląsk |
| 58 | Die deutsche Minderheit |
| 62 | Breslau/Wrocław |
| 69 | Das polnische Theater von Olgierd Blazewicz |
| 72 | Krakau/Kraków |
| 84 | Die polnischen Juden |
| 89 | Der Südosten |
| 107 | Reisetips von A bis Z |
| 121 | Serviceteil Polen Süd von A bis Z |
| 143 | Kleiner Sprachführer |
| 150 | Register |

Mädchen mit Modellkirche vor der Krakauer Marienkirche

# Einleitung

Nieder- und Oberschlesien mit den Sudeten und dem Riesengebirge sowie die sich im Osten anschließenden Karpaten und weite Gebiete Kleinpolens, das bis zur Ukraine reicht, bilden den Süden Polens.
Die Vielfalt und Gegensätzlichkeit des Landes zeigt sich nirgends deutlicher als hier: einerseits kristallklare Seen, verschneite alpine Berggipfel und einsame Urwaldgebiete, die man tagelang durchwandern kann, ohne auf einen anderen Menschen zu stoßen – andererseits dichtbesiedelte Industriereviere mit allen ökologischen und wirtschaftlichen Problemen, mit denen die Erbschaft der Sozialisten belastet ist. Zwischen diesen Extremen die manchmal bald tausendjährigen Kulturdenkmäler, die jahraus jahrein Anziehungspunkt für viele Touristen sind.
Kultureller Höhepunkt und touristische Hauptattraktion ist die alte Königsstadt **Krakau**; sie ist heute noch das architekturhistorische Juwel Polens und gehört zu den bedeutendsten Kulturstädten der Welt. Das Wahrzeichen Krakaus ist der berühmte Wawelberg, ein weitläufiger Gebäudekomplex aus Sakral- und Profanbauten, die sich im Laufe mehrerer Jahrhunderte harmonisch auf einem Hügel zusammengefügt haben. Auch vielen Mystikern gilt die Erhebung als ein besonderer Ort.
Neben dem Ruhm und der Schönheit Krakaus scheinen die anderen Städte des polnischen Südens zu verblassen. Die schlesische Metropole **Breslau,** die ihre mächtigen Zeugnisse der Gotik in unsere Zeit hinüberretten konnte, ist dennoch beeindruckend. Viele ihrer im Zweiten Weltkrieg zerstörten Bauwerke sind heute wiederaufgebaut und lassen die Stadt an vielen Stellen in alter Pracht erstrahlen.
Die meisten anderen Städte **Nieder- und Oberschlesiens** wurden unter großen Schwierigkeiten von den Polen wiedererrichtet, die durch den Zweiten Weltkrieg ihre Heimat in den ehemaligen östlichen Gebieten Polens verloren hatten. Ob Oppeln oder Liegnitz, ob Schweidnitz oder Waldenburg, all diese ehemals deutschen Städte sind heute polnischen Bürgern Heimat geworden. So wie diese Orte früher deutsch waren, weil deutsche Menschen in ihnen lebten, so sind sie heute polnisch, weil dort jetzt polnische Menschen leben.
Viele deutsche Touristen besuchen seit einigen Jahren ihre ehemalige schlesische Heimat. Meist stoßen sie dort weniger auf Haß und Ablehnung als vielmehr auf neugieriges Interesse, obwohl das Verhältnis zwischen der deutschen Minderheit in Schlesien und der polnischen Mehrheit nicht ohne Spannungen ist. Aber in dem Maße, in dem auf staatlicher Ebene die Grundlage für Verständigung und Aussöhnung, ja sogar für Freundschaft und Zusammenarbeit gelegt werden, steigen die Chancen eines zwangloseren Umgangs der verschiedenen Kulturen miteinander. Ein Blick in die Geschichte Schlesiens, die eine Geschichte der jahrhundertelangen deutsch-polnischen Beziehungen ist, zeigt

# Einleitung

unmißverständlich, wie sehr die Parole von der deutsch-polnischen »Erbfeindschaft« eine Erfindung nationalistischer Propaganda ist. Die Phasen gegenseitiger kultureller und wirtschaftlicher Befruchtung überwiegen bei weitem die der blutigen Auseinandersetzungen.
Ein Ort allerdings wird noch lange Zeit im Gedächtnis der Menschheit als Synonym für den grauenhaftesten Völkermord der Geschichte bleiben: In der im Nordwesten **Kleinpolens** gelegenen Industriestadt Oswięcim – unter ihrem deutschen Namen **Auschwitz** weltweit bekannt – befand sich das größte nationalsozialistische Konzentrationslager, in dem die deutschen Besatzer vier Millionen Menschen ermordeten.
Nicht nur für Reisende, die die Stätten ihrer Kindheit besuchen möchten und solche, die an Kulturgeschichte interessiert sind, bietet der Süden Polens viele lohnende Ziele. Auch naturbegeisterte Touristen finden unzählige Gebiete, in denen sich Wandern, Bergsteigen oder Wintersport betreiben läßt. Nur hier findet sich in Polen richtiges Gebirge: die **Sudeten,** eines der alten europäischen Gebirgsmassive und die **Karpaten;** letztere gliedern sich in einige mittlere Bergketten (hohe oder westliche Beskiden, niedere oder östliche Beskiden) und steigen dann an zum Massiv der Hohen Tatra mit alpinem Charakter. In der **Hohen Tatra** befindet sich mit 2499 Metern auch der höchste Gipfel Polens, der Rysy. Die bei Deutschen bekanntere Schneekoppe in den Sudeten ist nur 1602 Meter hoch. Neben dem alten deutschen Wintersportzentrum **Krummhübel** im Riesengebirge, dem Herzen der Sudeten, zieht am Fuße der hohen Tatra die berühmte polnische Skimetropole **Zakopane** zunehmend deutsche Wintersportler an.
Ein Geheimtip für Trekking-Spezialisten ist das einsame Waldgebiet im äußersten Südosten Polens. Viele verfallene Gehöfte zeugen davon, daß dieser Landstrich ursprünglich nicht so menschenleer war, wie er sich heute zeigt. Nach dem Zweiten Weltkrieg flohen die Bauern vor ukrainischen Räuberbanden, die die unwegsame Region zu ihrem eigenen rechtsfreien Raum erklärt hatten. Kaum irgendwo sonst in Europa hat der Trekking-Tourist heute noch die Möglichkeit, tagelang allein nur mit der Natur zu bleiben. Vielen welterfahrenen Trekking-Freunden erscheinen die Wanderrouten Nepals dagegen geradezu überlaufen.
Bei aller landschaftlichen Gegensätzlichkeit, die auch den unterschiedlichsten Interessen der Touristen entgegenkommt, zeigt sich im Wesen seiner Bewohner das Verbindende: tief verwurzelte Frömmigkeit, von Generation zu Generation vererbte Vaterlandsliebe und traditionelle Gastfreundschaft. Der deutsche Besucher wird vor allem aus dem Süden Polens ein faszinierendes Urlaubserlebnis mit nach Hause nehmen können.

# Polen – Allgemeines

**Bevölkerung**
Die Einwohnerzahl Polens beträgt gegenwärtig 38,4 Millionen. Das entspricht 5,8 Prozent der Bevölkerung Europas. Viele Polen sind ausgewandert, vor allem nach Nordamerika. Neuesten Angaben zufolge beträgt die Zahl derjenigen, die über die ganze Welt verstreut sind, sich aber als Polen fühlen, ca. 10 Millionen.

**Regierungsform und Verwaltungsgliederung**
Polen ist seit 1992 ein demokratischer Rechtsstaat mit einem aus allgemeinen, freien Wahlen hervorgegangenen Präsidenten an der Spitze. In seinem Auftrag bildet der Ministerpräsident eine Regierung, die dem Parlament verantwortlich ist. In Polen gibt es traditionsgemäß ein Zweikammerparlament: Neben dem *Sejm,* dem Abgeordnetenhaus, besteht ein politisch einflußloser Senat, vergleichbar dem englischen Oberhaus. Verwaltungsmäßig gliedert sich das Land in 49 *Wojewodschaften* (Landkreise); Lodsch, Krakau und die Hauptstadt Warschau bilden dabei mit ihrer nächsten Umgebung eigene Stadtwojewodschaften. Seit Jahren ist jedoch eine Gebietsreform geplant, bei der mehrere Wojewodschaften zu größeren, unabhängigen Verwaltungseinheiten zusammengefaßt werden sollen. Das bundesdeutsche System der Länderhoheit gilt vielen polnischen Politikern als Vorbild.

**Geographische Lage**
Polen reicht von der Ostsee im Norden bis zum Karpatengebirge im Süden, vom Bug im Osten zur Oder und Lausitzer Neiße im Westen. Dort grenzt das 312 683 Quadratkilometer große Polen an Deutschland, im Süden an die Tschechoslowakei, im Osten an die Ukraine, Weißrußland und Litauen sowie im Norden an die Ostsee und die russische Exklave Königsberg. Fast das gesamte Land liegt im Einzugsbereich der Flüsse Weichsel und Oder.

**Oberflächenstruktur**
Die Landschaft und Oberflächenstruktur ist vor allem durch Flachland geprägt, zwei Drittel des Landes liegen nicht höher als 200 Meter über dem Meeresspiegel. Das Landschaftsbild des südlichen Polens ist das abwechslungsreichste. Hier geht das mittelpolnische Tiefland allmählich in Hochebenen über. Es handelt sich um ein uraltes, abgeschliffenes Gebirgsmassiv mit bewaldeten Bergzügen und dem polnischen Jura. Richtiges Gebirge gibt es schließlich im äußersten Süden Polens: die Sudeten mit Riesengebirge und der Schneekoppe (1602 Meter hoch) und die Karpaten, die sich in östliche und westliche Beskiden sowie in die alpine Hohe Tatra gliedern. Der Rysy ist mit 2499 Metern Höhe nicht nur höchste Erhebung der Hohen Tatra, sondern auch des gesamten Landes.

**Klima**
Das polnische Klima wird von den Meteorologen als »gemäßigt« eingestuft, auch wenn die Bewohner des Landes und ihre Besucher biswei-

## Allgemeines

len ganz anderer Ansicht sind. Denn Polen bildet eine Übergangszone zwischen dem westeuropäischen ozeanischen Klima und dem osteuropäischen Kontinentalklima, was zu starken Klimaschwankungen führen kann. Auch die Jahreszeiten halten sich nicht immer an den Kalender, mal ist der Mai noch kalt und ungemütlich, mal herrschen schon hochsommerliche Temperaturen. Touristen können sich für ihre Urlaubsplanung an folgender Klima-Charakteristik orientieren (ohne Gewähr): Der Frühling ist sonnig und warm, jedoch treten bis in den Mai hinein Nachtfröste auf. Der Sommer von Juni bis August läßt die Tagestemperaturen nicht selten auf 30 Grad ansteigen, der Regen geht oft verbunden mit Gewitter nieder. Der Herbst – von den Polen die »Goldene Jahreszeit« genannt – ist sonnig und trocken und in den Bergen besonders reizvoll. Der Winter ist nicht sehr streng, selten sinken die Temperaturen unter minus 10 Grad, im Gebirge und im Ostteil Polens fällt jedoch reichlich Schnee und sorgt dort für gute Wintersportmöglichkeiten.

**Tourismus**
Über 500 Hotels mit 60 000 Übernachtungsplätzen stehen zur Verfügung. In Vier-Sterne-Hotels kostet ein Doppelzimmer pro Tag durchschnittlich 90 bis 150 DM.

Pensionen, Bungalows und Sommerhäuschen bieten eine preiswerte Übernachtungsalternative (10 bis 20 DM pro Person). Diese Objekte befinden sich in den attraktivsten Regionen Südpolens, vor allem in Niederschlesien und am Fuße der Tatra. Etwa 200 Campingplätze sind über das Land verteilt, ein Aufenthaltstag für zwei Personen mit Auto und Campinganhänger kostet etwa 15 DM. Wanderern stehen zahlreiche Wanderheime zur Verfügung – insgesamt über 24 000 Plätze. Diese Objekte besitzen nur notwendige Grundausstattung, sind dafür aber billig – durchschnittlicher Übernachtungspreis 4 bis 10 DM. Jungen Touristen bietet sich ein Netz sehr billiger Jugendherbergen an.
Polen eignet sich ausgezeichnet sowohl für kurze Spritztouren als auch für längere Urlaubs- oder Ferienaufenthalte.

**Traditionen**
Sitten und Gebräuche sind zwar nur ein enger Teilbereich der polnischen Nationalkultur, aber ein um so farbenprächtiger; es lohnt sich, ihnen Aufmerksamkeit zu schenken.

Weihnachten ist neben Ostern das wichtigste Fest in Polen. Am Heiligabend wird im Zimmer ein Weihnachtsbaum aufgestellt, der mit Glaskugeln, Spielzeug und Süßigkeiten, Lichtern und von den Kindern selbstgebastelten Ketten geschmückt wird. Viele polnische Familien breiten unter der Tischdecke des Weihnachtstisches etwas Heu aus. Nach dem Abendessen greift dann jeder unter das Tischtuch und zieht einen Halm hervor. Ein langer Halm bedeutet ein langes, ein gewundener oder gespaltener Halm ein interessantes, obschon schwieriges Leben.

Zum Jahreswechsel jagen im Gebiet von **Saybusch/Żywiec** (Beskiden-Gebirge) noch heute verkleidete und maskierte Gestalten in rasen-

# Allgemeines

dem Tempo durchs Dorf. All diese Teufel, Bären und andere Sagengestalten sollen das alte Jahr vertreiben.
Die Osterfestzeit zeichnet sich durch ähnlich interessante Bräuche aus. Am Palmsonntag werden nach christlicher Sitte die Palmen geweiht. In manchen Ortschaften bilden die Feierlichkeiten des Einzugs nach Jerusalem den Höhepunkt des Tages. Die größte und interessanteste Einzugs-Prozession findet in **Kalwaria Zebrzydowska** (32 km südlich von Krakau) statt. Die Inszenierung des Einzugs des Herrn auf dem Esel eröffnet das eine Woche dauernde Mysterium der Leiden Christi. Nach Kalwaria kommen deswegen in der Karwoche viele Tausend Menschen.
Ostersonntagmorgen setzen sich alle zum Frühstück zusammen. Es beginnt mit Glückwünschen, wobei man ein am Vortag in der Kirche gesegnetes Ei miteinander teilt. Die Zierde eines jeden Ostertisches sind Napfkuchen, bemalte Eier, ein Osterlamm aus Zucker sowie Wurst und Schinken, ein symbolisches Überbleibsel aus den Zeiten, da man ein gebratenes Ferkel mit einem Apfel im Maul auf den Tisch brachte. An den Seiten der Tafel prangen vielfarbige »*Mazurki*«, kunstvoll verzierte kleine Kuchen; das Ganze wird mit Immergrün dekoriert. Bis heute wird am Ostermontag die Sitte des »*Gußmontags*« bewahrt – der Brauch, sich gegenseitig mit Wasser zu begießen.
Zu Pfingsten werden die Fußböden der Wohnung mit duftenden Kalmusblättern ausgelegt, und am Fronleichnam veranstaltet jede Kirche große Prozessionen.
Genau eine Woche nach Fronleichnam sollte man in **Krakau** sein, um den sich tummelnden *Lajkonik* – den Steckenpferdreitern in Tartarentracht – zuzusehen. Diese Volksspiele gab es schon im 17. Jahrhundert. Sie wurden damals von der Zunft der Holzflößer veranstaltet. Mit ihnen ist die Legende von dem plötzlichen Überfall der Tartaren auf Krakau im 13. Jahrhundert verbunden.
Bis heute sind die Feierlichkeiten aus Anlaß der Johannisnacht (13.6.) populär: Die Tradition der Johannisnacht-Festspiele wird als »*Wianki*« (Fest der Kränze) aufrechterhalten. Dabei werden Kränze, mit einer brennenden Kerze in der Mitte, auf das Wasser geworfen. An diesem Tag finden an vielen Orten Volksfeste, Tanzvergnügen, Bootsparaden und Feuerwerke statt.
Der 15. August ist Maria Himmelfahrt. Die Frauen tragen große Bündel selbstgezogener Pflanzen zur Kirche. An diesem Tag werden große Feierlichkeiten auf dem Klosterberg Jasna Góra in **Tschenstochau** abgehalten. Vorangegangen ist stets eine zehntägige Pilgerfahrt – eine in diesem Ausmaß einzigartige in Europa –, die zu Fuß aus Warschau zu diesem nationalen Heiligtum führt.
Am letzten Novembertag wird der Andreastag gefeiert, der Tag der traditionellen Wahrsagung für Mädchen. Am meisten verbreitet ist das Wachs- und Bleigießen in Wasser. Die Wahrsagungen werden oft von Tanzvergnügen und Spielereien begleitet.

## Geschichte

# Tausend Jahre polnische Geschichte

**966.** Das Jahr 966 wird als Gründungsjahr des Staates Polen angesehen. In dieser Zeit tritt Mieszko I., ein Polanen-Häuptling aus dem Geschlecht der Piasten, zum Christentum über. Er beherrscht die Region um Posen und erobert angrenzende Gebiete einschließlich des heutigen Pommerns und Schlesiens.
**986.** Gründung des Bistums Posen: Der Einfluß Roms dehnt sich damit über die Oder nach Osten aus.
**992.** Nach dem Tode des Staatsgründers Mieszko I. gelingt es einem seiner Söhne, Bolesław I. Chrobry (der Tapfere), die Herrschaft an sich zu ziehen. Unter seiner Führung werden umfangreiche Eroberungszüge bis hin nach Kiew unternommen.
**997.** Bolesław I. Chrobry kauft den heidnischen Pruzzen die – angeblichen – Gebeine des Märtyrers Adalbert ab. Der böhmische Prinz Adalbert war von den Pruzzen bei dem Versuch, sie zu bekehren, erschlagen worden. Bolesław bestattet die Gebeine in Gnesen, das sich daraufhin rasch zu einem religiösen Zentrum entwickelt.
**1025.** Bolesław I. Chrobry läßt sich mit päpstlichem Segen in Gnesen zum ersten König von Polen krönen. Unter Bolesław I. Chrobry etabliert sich Polen als unabhängiger, christlicher, slawischer Staat zwischen den beiden großen Mächten der christlichen Welt, dem Römischen Reich Deutscher Nation im Westen und dem Byzantinischen Reich im Osten. Die Regierungszeit der folgenden Piasten-Herrscher ist jedoch vom Niedergang geprägt: Aufstände heidnisch gebliebener Gruppen, Überfälle von außen und separatistische Bewegungen im Innern schwächen das noch junge Staatswesen.
**1226.** Herzog Konrad von Masowien wird der Überfälle der heidnischen Pruzzen im Osten des Landes allein nicht mehr Herr. Gegen Überlassung des Kulmer Landes ruft er den Deutschen Orden zu Hilfe.
**1230.** Der Deutsche Orden erbaut die Burg Thorn als Ausgangspunkt seiner Expansion nach Osten.
**1241.** Bei Liegnitz wird der Einfall der Mongolen von einem vereinigten polnisch-deutschen Heer unter großen Verlusten abgewehrt.
**1333.** Kasimir III. übernimmt die Herrschaft über das Land und bringt es auf den Weg zu neuer Größe. Einheitliche Verwaltung und einheitliches Rechtswesen sowie eine gemeinsame neue Münze (Krakauer Groschen) bewirken ein inneres Zusammenwachsen. Vorausschauende Bündnis- und Heiratspolitik sorgen für eine Verdoppelung des polnischen Herrschaftsbereichs.
Polen ist dadurch zu einem Vielvölkerstaat geworden, zu dessen dauerhaftem Bestand Kasimir eine Politik der Toleranz im konfessionellen und ethnischen Bereich betreibt. (Eine Folge: jüdische Einwanderungswelle).
**1364.** Gründung der Universität Krakau (nach Prag die zweite in Mitteleuropa).

**Geschichte**

Versammlung des Sejm in Krakau, 1506. Kupferstich

**1370.** Tod Kasimirs III., der als Kasimir der Große in die Geschichte eingeht. Mit ihm erlischt die Dynastie der Piasten.
**1386.** Nach einer Übergangszeit wird in Polen mit Władysław II. Jagiełło eine neue Dynastie begründet: Auf Initiative des erstarkten Adels heiratet die elf Jahre alte polnische Thronerbin Hedwig den Litauischen Fürsten Władysław aus dem Geschlecht der Jagiellonen. Taufe, Heirat und Krönung des heidnischen Fürsten finden in einem Akt statt, Polen und Litauen werden von Władysław II. Jagiełło in Personalunion als Doppelreich geführt.
**1410.** Ein vereinigtes polnisch-litauisches Heer schlägt das Heer des Deutschen Ordens bei Tannenberg/Grunwald.
**1466.** Nach weiteren kriegerischen Auseinandersetzungen muß der Deutsche Orden im Frieden von Thorn die Oberhoheit des polnischen Königs anerkennen und die Gebiete an der Weichselmündung (einschließlich Danzigs) an Polen zurückgeben.
**1505.** Der erstarkte Adel konstituiert seine Macht in einer Adelsrepublik. Damit wird die »Adelsdemokratie« als spezifisch polnische Regierungsform eingeführt. Der »Sejm«, der vom Adel gestellte Reichstag, ist jetzt das oberste gesetzgebende Organ. Er leidet jedoch darunter, daß jedem Abgeordneten das »Liberum Veto« zusteht. Damit können viele Beschlüsse durch den Willen eines einzelnen Adligen zu Fall gebracht werden.

# Geschichte

Allegorie auf die Erste polnische Teilung, Kupferstich 1773

## Geschichte

**1569.** Im Zuge der Lubliner Union entsteht nach einem hundertjährigen Prozeß des schmerzhaften Zusammenwachsens von Polen und Litauen das Vereinigte Königreich von Polen-Litauen. Es wird zu einer der größten Mächte Europas (mit Warschau als neuer Hauptstadt).
**1572.** Der letzte Jagiellonen-König Sigismund August stirbt unerwartet. Jetzt werden die Könige vom dem noch mächtiger gewordenen Adel gewählt (Zeit der Wahlkönige).
**1655.** Starke Regionalfürsten und schwache Wahlkönige führen zu einer Zersplitterung des Landes. Die Schweden nutzen dies aus und fallen nach Polen ein (Nordische Kriege). Im Winter 1655/1656 gelingt den fast immer unterlegenen Polen die Verteidigung des Klosters Tschenstochau mit der Schwarzen Madonna. Der strategisch wenig bedeutende Sieg bewirkt bei den demoralisierten polnischen Truppen einen Stimmungsumschwung: Sie vertreiben die Schweden aus ihrem Lande. Ernennung der Jungfrau Maria zur »Königin Polens«.
**1683.** Mit einem vereinigten deutsch-polnischen Heer besiegt König Jan III. Sobieski bei Wien die türkische Armee. Die Folge: Zusammenbruch der türkischen Expansion in Europa. Sobieski geht als »Retter des Abendlandes« in die Geschichte ein.
**1772.** Erste polnische Teilung: Polen ist zu einem Spielball fremder Mächte geworden, denn durch die Bestechlichkeit des polnischen Adels können die Wahlkönige von außen eingesetzt werden. Die überwiegend ausländischen Thronanwärter überbieten sich bei der Zubilligung von Privilegien. Zudem stürzt ein konfessionell bedingter Bürgerkrieg das Land ins Chaos. Preußen, Rußland und Österreich nutzen die Gelegenheit, ihre wechselseitigen Gebietsansprüche gemeinsam auf Kosten des wehrlosen Landes zu befriedigen. Preußen kann sich das ehemalige Ordensgebiet (Kulmer Land) und das am linken Weichselufer gelegene Pomerellen (jedoch ohne Danzig) einverleiben. Rußland nimmt sich Gebiete im Nordosten, und Österreich erhält Teile von Kleinpolen und die Region um die Stadt Halitsch/Galitsch, die unter dem Namen Galizien bekannt wurde.
**1791.** Am 3. Mai des Jahres tritt die erste polnische Verfassung in Kraft. Sie sieht im Rahmen einer konstitutionellen Monarchie die Verantwortlichkeit von Ministern und Regierung gegenüber dem Parlament vor. Bis heute gilt sie als eine der fortschrittlichsten Verfassungen überhaupt.
**1793.** Zweite polnische Teilung: Preußen und Rußland betrachten die Verabschiedung der liberalen Verfassung als einen feindlichen Akt und fürchten ein Übergreifen des Freiheitsdranges auf ihre Länder. Sie dezimieren Polen auf einen nicht mehr lebensfähigen Rest.
**1795.** Dritte polnische Teilung: Ein Aufstand unter Führung von Tadeusz Kościusko, einem Helden des amerikanischen Unabhängigkeitskrieges, liefert den Vorwand zur dritten Teilung, bei der auch Österreich wieder seinen Anspruch geltend macht. Polen ist damit endgültig von der Landkarte verschwunden.

# Geschichte

**1807.** Nach seinem Sieg über Preußen bildet Napoleon das »Großherzogtum Warschau«. Es besteht im wesentlichen aus Preußens Anteil an der zweiten und dritten Teilung Polens.

**1815.** Nach der Niederlage Napoleons beschließt der Wiener Kongreß die Schaffung eines Königreiches Polen, das in Personalunion mit Rußland regiert werden soll. Neben diesem »Kongreßpolen« besteht ein zu Preußen gehörendes Großherzogtum Posen weiter, Galizien wird Österreich-Ungarn zugeschlagen und Krakau erhält vom Kongreß den Status eines Freistaates.

**1863.** In den einzelnen Landesteilen flammen Aufstände auf. Im Januar 1863 versuchen die Polen in einer letzten großen Erhebung die Fremdherrschaft abzuschütteln (»Januaraufstand«). Es kommt zur ersten Partisanenbewegung des Landes, bei der die Aufständischen vergebens auf die Unterstützung des Auslandes hoffen. Nach der Niederschlagung des Aufstandes verschärfen die Teilungsmächte ihre Repressionen: Preußen und Rußland betreiben eine aggressive Germanisierungs- und Russifizierungspolitik.

**1892.** Sowohl in Polen selbst als auch im Ausland, wo viele polnische Intellektuelle Exil gefunden haben, entstehen teils legal, teils illegal politische Gruppierungen und Parteien: Die »Polnische Sozialistische Partei« unter Führung von Józef Piłsudski, die »Internationale Sozialdemokratie des Königreichs Polen« unter Julian Marlewski, Rosa Luxemburg und Feliks Dżierzyński und die bürgerliche »Volksliga« (später »Nationaldemokratische Partei«).

**1914** bis **1918.** Im Ersten Weltkrieg kämpfen Polen an unterschiedlichen Fronten und in unterschiedlichen Heeren – oft auch gegeneinander.

**1918.** Nach dem Zusammenbruch des Deutschen Reiches entsteht unter der Führung Józef Piłsudskis ein neues unabhängiges Polen.

**1920.** Bei kriegerischen Auseinandersetzungen mit der jungen Sowjetmacht kann Staatspräsident Piłsudski die Grenze Polens nach Osten verschieben. Danzig erhält vom Völkerbund den Status einer »Freien Stadt«.

**1921.** Nach Abstimmungen in Ostpreußen und Oberschlesien entscheiden sich die jeweiligen Mehrheiten für den Anschluß an Deutschland. Oberschlesien jedoch wird nach einem polnischen Aufstand geteilt.

**1923.** Jetzt erst liegen die Grenzen des Neuen Polens fest. Das Gebiet umfaßt 400 000 Quadratkilometer mit 27 Millionen Einwohnern (davon 18 Millionen Polen).

**1934.** Deutsch-polnischer Nichtangriffspakt.

**1939.** Am 23. August wird ein deutsch-sowjetischer Nichtangriffspakt, der »Hitler-Stalin-Pakt«, geschlossen. In seinem geheimen Zusatzprotokoll legt er die Interessensphären der beiden aggressiven Großmächte fest: Polen soll aufgeteilt werden.

Am 1. September beginnt der deutsche Angriff auf Polen mit dem Be-

# Geschichte

schuß der Westerplatte vor Danzig. Am 1. November besetzt die Rote Armee das östliche Polen, nachdem Stalin den polnischen Staat für nicht mehr existent erklärt hat. Der westliche Teil des Landes steht unter deutscher Besatzung.
**1939 bis 1945.** Im Verlauf des Zweiten Weltkriegs kommen über sechs Millionen Polen ums Leben. Polen verliert 50 Prozent seines Volksvermögens. Auf den polnischen Gebieten gründen die Nationalsozialisten Vernichtungslager, darunter das größte in Auschwitz, wo rund vier Millionen Menschen aus 23 Nationen – die meisten von ihnen jüdischer Abstammung – ums Leben kommen. Polnische Verbände kämpfen an der Seite der Alliierten an allen Fronten. Zahlenmäßig haben sie mit 600 000 Mann eine Truppenstärke, die annähernd die britische erreicht und deutlich über der Frankreichs liegt. Auch im Lande selbst regt sich Widerstand: Die Heimatarmee, die von der Londoner Exilregierung gesteuert wird, und die kommunistische Volksgarde können durch Sabotageakte und Partisanenüberfälle die deutsche Kriegsführung stark behindern.
**1944.** Am 21. Juli konstituiert sich in dem von der Roten Armee befreiten Lublin das kommunistische »Polnische Komitee der Nationalen Befreiung«. Diese als Gegenstück zur Exilregierung initiierte Institution unter Aufsicht der Sowjetunion beansprucht die Regierungsbefugnis über ein befreites Polen.
**1945.** In den Abkommen von Jalta und Potsdam legen die Alliierten Polens neue Grenzen fest: Das gesamte Staatsgebiet verschiebt sich nach Westen bis an Oder und Neiße. Im Osten muß Polen große Teile einschließlich Lembergs an die Sowjetunion abtreten.
Gesteuert wird das Land von der »Regierung der Nationalen Einheit« unter kommunistischer Führung.
**1952.** Polen wird zu einer Volksrepublik unter Herrschaft der »Vereinigten Polnischen Arbeiterpartei«.
**1970.** Am 7. Dezember werden nach langen Verhandlungen und als Ergebnis der neuen Ostpolitik der SPD geführten Bundesregierung endlich die deutsch-polnischen Verträge unterzeichnet. In ihnen bekennen sich beide Seiten zur Unverletzlichkeit der bestehenden Grenzen.
**1978.** Der als radikaler Antikommunist bekannte Erzbischof von Krakau Karol Wojtyła wird zum Papst gewählt.
**1980.** Im Sommer flammen, ausgelöst durch Preiserhöhungen für Fleisch, vereinzelt Streiks auf. Als eine am Streik beteiligte Arbeiterin der Danziger Leninwerft entlassen wird, treten ihre 17 000 Kollegen spontan in einen Streik, der sogleich auf die gesamte Küstenregion übergreift. Ein überbetriebliches Streikkomitee wird gebildet. Es fordert Gewerkschaftsfreiheit, Streikrecht, Abschaffung der Zensur und als Ausgleich für die Teuerungen drastische Lohnerhöhungen. Unter dem Druck des Streikes, der bald das gesamte Land lahmlegt, muß Regierungschef Gierek zurücktreten. Die Staatsmacht ist gezwungen, den Arbeitern Zugeständnisse zu machen: Eine unabhängige Gewerkschaft

# Geschichte

unter dem Namen »Solidarność« wird zugelassen, ihr Führer ist der Danziger Elektriker Lech Wałęsa.

**1981.** Die Versorgung ist wegen der vielen Streiks fast zusammengebrochen. Die innenpolitische Lage spitzt sich zu. Als sich die Sowjetunion über eine Schwächung »der gemeinsamen ideologischen Plattform im Sinne des Marxismus-Leninismus« beklagt, verhängt Staatschef General Jaruzelski am 13. Dezember das Kriegsrecht. Die jetzt verbotene »Solidarność« ist nicht zerschlagen, sondern agiert im Untergrund weiter.

**1986.** Unter dem Eindruck der politischen Entwicklung in der Sowjetunion und dem Druck der Wirtschaftsblockade des Westens entschließen sich die Männer um Jaruzelski zu einem Umschwenken. Die politischen Häftlinge werden amnestiert und freie Wahlen in Aussicht gestellt.

**1989.** Im Juni finden die lange angekündigten Wahlen statt, an der auch Vertreter der wiederzugelassenen »Solidarność« teilnehmen dürfen. Mit überwältigender Mehrheit geht daraus der linkskatholische Publizist und »Solidarność«-Kandidat Tadeusz Mazowiecki als Sieger hervor.

**1990.** Nachdem Mazowiecki eine konsequente Reformpolitik mit dem Ziel einer Umstellung auf Marktwirtschaft und parlamentarische Demokratie eingeleitet hat, tritt er am 25. November bei den Wahlen zum Präsidentenamt gegen den »Solidarność«-Führer Wałęsa an. Wałęsa kann die Wahl knapp für sich entscheiden und löst General Jaruzelski im Präsidentenamt ab.

**1991.** Am 17. Juni wird in Bonn trotz heftigen Widerstandes deutscher Vertriebenen-Verbände der deutsch-polnische Freundschaftsvertrag von dem polnischen Ministerpräsidenten Bielecki und Bundeskanzler Kohl unterzeichnet. Im Herbst finden die ersten völlig freien Parlamentswahlen statt. Die Regierungsbildung gestaltet sich schwierig. Erst nach zwei Monaten gelingt es dem neuen Ministerpräsidenten Jan Olszewski eine mehrheitsfähige Regierung zu bilden.

**1992.** Die Regierung ist im ersten Halbjahr labil; Olszewski tritt im Juni zurück.

# Ein Streifzug in Bildern

Kornfeld in Schlesien

Liegnitz/Legnica:
Johanniskirche mit Jesuitenkolleg

# Ein Streifzug in Bildern

Breslau/Wrocław: Blick auf die Dominsel

**Ein Streifzug in Bildern**

Breslau/Wrocław: Chorseite des Domes

Breslau/Wrocław:
Kurfürstenkapelle am Dom

# Ein Streifzug in Bildern

Breslau/Wrocław

**Ein Streifzug in Bildern**

Krakau/Kraków: Barbakane

Krakau/Kraków: Die Tuchhallen

# Ein Streifzug in Bildern

Krakau/Kraków: Collegium Maius, Konferenzraum der Professoren

**Ein Streifzug in Bildern**

Krakau/Kraków: Marienkirche

# Ein Streifzug in Bildern

Krakau/Kraków: Weichsel mit Blick auf den Wawel

Aufgang zum Wawel

Die Kathedrale auf dem Wawel

# Ein Streifzug in Bildern

Oppeln/Opole

Oppeln/Opole: Blick über die Oder

# Ein Streifzug in Bildern

Blick auf das Riesengebirge

Krummhübel/Karpacz im Riesengebirge

# Ein Streifzug in Bildern

Winter im Riesengebirge

Riesengebirge

# Ein Streifzug in Bildern

Tschenstochau/Częstochowa: Die Schwarze Madonna

# Ein Streifzug in Bildern

Annaberg/Góra Świętiej Anny: Hauptaltar der Wallfahrtskirche

# Ein Streifzug in Bildern

Am Fuß der Tatra

# Ein Streifzug in Bildern

Bergsee Morskie Oka (Meeresauge) in der Hohen Tatra

Goralen bei der Herstellung von Schafskäse

# Ein Streifzug in Bildern

Zamośc: Rathaus

Zamośc: Marktplatz

# Architektur in Polen

Für architekturhistorisch interessierte Reisende ist Polen in jedem Fall ein lohnendes Ziel. Trotz der vielen Kriege, die über das Land hinweg zogen, sind zahlreiche Beispiele früherer Architekturleistungen erhalten geblieben oder rekonstruiert worden. Polen ist ein mitteleuropäisches Land, das politisch wie ökonomisch stets eng mit seinen Nachbarn verflochten war. Dies spiegelt sich auch in der Architektur wider: Norddeutsche Backsteingotik in Danzig und Stettin und süddeutscher, böhmischer Barock in Schlesien. Es herrschten vor allem fremde Einflüsse vor, so daß sich eine eigenständige polnische Architektur kaum entwickeln konnte; dies gilt besonders für repräsentative Bauaufgaben. Nebenher existierte auch eine volkstümliche, regionale Baukunst. Prägnantestes Beispiel sind die Holzkirchen bei Zakopane in den Karpaten.

Die ersten Steinbauten wurden im Zuge der Christianisierung schon im 9. und 10. Jahrhundert errichtet. Es handelte sich in der Regel um Kirchen und Burgen auf kreisförmigem oder quadratischem Grundriß; auf dem Krakauer Wawelberg zeugt eine **Rundkapelle** von dieser vorromanischen Epoche. Die Zeugnisse frühester Baukunst fielen jedoch schon nach kurzer Zeit Kriegen und Bränden zum Opfer, so daß sie sich heute nur noch anhand von Ausgrabungen erahnen lassen. Ab Mitte des 11. Jahrhunderts entstanden an deren Stelle neue Bauten im romanischen Stil.

Die seit dem 10. Jahrhundert nach Polen kommenden Benediktiner galten als die eifrigsten Baumeister und wirkten mit ihren Gebäuden stilbildend für die polnische Romanik. Zudem versuchten viele lokale und regionale Fürsten sich bei der Stiftung von Gotteshäusern zu übertrumpfen und förderten somit die Bautätigkeit. Die Legende berichtet von einem schlesischen Magnaten, der in der ersten Hälfte des 12. Jahrhunderts 77 Kirchen gestiftet haben soll. Nur wenige romanische Bauwerke sind erhalten geblieben. Ein Höhepunkt dieser Epoche ist der romanische **Waweldom** in Krakau mit der romanischen Krypta und die **St. Andreaskirche** in Krakau. Mitte des 12. Jahrhunderts erlebte die Bauplastik eine Blütezeit: Steinmetzarbeiten schmückten Portale, Arkadenfriese und Kapitele. Wichtigstes Zeugnis romanischer Großplastik sind die großen **Bronzetüren** in der Gnesener Kathedrale (um 1170; Großpolen).

Mit dem Aufschwung der Städte, dem Erstarken der polnischen Zentralgewalt im Kampf gegen den Deutschorden und im Sieg über die Mongolen setzte ab Anfang des 13. Jahrhunderts eine rege Bautätigkeit ein. Westliche Ordensbrüder, vor allem die Zisterzienser, waren bei der Durchsetzung der Gotik in Polen maßgeblich beteiligt. Unter den polnischen Königen *Kasimir der Große/Kazimierz III. Wielki,* der 1333 bis 1370 regierte, und *Władisław Jagiełło,* dessen Regentschaft von 1386/89 bis 1434 dauerte, erreichte die gotische Baukunst dann

# Architektur in Polen

ihre Blütezeit. Es entstanden Kirchen, Rathäuser und Wohnbauten, von denen zahlreiche vor allem im Westen Polens erhalten blieben und nur wenige in späteren Jahrunderten umgebaut wurden. Alte Bürgerhäuser sind beispielsweise in Allenstein zu besichtigen. Kathedralen wie in Breslau und Krakau demonstrierten als monumentale Denkmäler die Größe Polens und den Ruhm kirchlicher und weltlicher Macht. Fast immer ließen sich die Fürsten in diesen Monumentalbauten eine repräsentative Grabstätte einrichten.

Am beeindruckendsten sind die Zeugnisse der Gotik in der ehemaligen Königsstadt Krakau. Zu ihnen gehören die **Marienkirche** mit dem Altar von Veit Stoß, der **Dom** auf dem Wawelberg, die gut erhaltenen Kirchen **(Katharinenkirche, Fronleichnamskirche** und **Franziskanerkirche)** und nicht zuletzt einer der wichtigsten mittelalterlichen Profanbauten Kleinpolens, das **Collegium Maius** der Krakauer Universität (1492-1497). In Krakau läßt sich auch die mittelalterliche Stadtplanung gut erkennen, denn hier existiert eine regelmäßig angelegte Altstadt. Auch in Breslau ist die Dominsel neben den Kirchen und dem alten Markt mit dem Rathaus besonders sehenswert.

Während seiner Regentschaft holte *König Zygmunt I.* (1506 – 1548) italienische Künstler an seinen Hof in Krakau: Das **Wawelschloß** sollte umgebaut und die monumentale **Sigismundkapelle** in der Krakauer Kathedrale errichtet werden. Beide Projekte regten den polnischen Adel zur Nachahmung an. Es entstanden zahlreiche Renaissance-Schlösser und Grabkapellen. Aber nicht nur der Adel, sondern auch das erstarkende Bürgertum dekorierte seine Wohnbauten mit Renaissance-Zierat. Kommunale Gebäude wie zum Beispiel die Krakauer **Tuchhallen** wurden ebenfalls zeitgemäß umgestaltet. Hier findet sich die älteste *»polnische Attika«*, eine in Polen verbreitete Sonderform der Attiken, bei der das Dach durch einen Aufbau mit hohen Postamenten verdeckt wird. Die einzige polnische Stadt, die ganz und gar nach den Vorstellungen des Renaissance-Städtebaus errichtet wurde, ist **Zamość**. Bis heute ist der urbane Plan am Stadtzentrum zu erkennen.

Ähnlich wie in anderen katholischen Ländern setzte sich auch in der Architektur Polens im 17. und 18. Jahrhundert der Barockstil durch. Die Jesuiten, die vehement die Gegenreformation propagierten, ließen mit der **Peter- und Paulskirche** in Krakau einen der ersten Sakralbauten im Stil des römischen Barock errichten (1605-1619); Vorbild war die Hauptkirche des Ordens, Il Gesù in Rom. Insgesamt jedoch wurde bis ins 17. Jahrhundert hinein gleichzeitig in den verschiedensten Stilen gebaut: Renaissance, Manierismus und Frühbarock überlagerten sich, eine Abgrenzung in einzelne Epochen ist also Fiktion.

Mit der Verlegung der Hauptstadt von Krakau nach Warschau verlagerte sich auch das künstlerische Zentrum Polens in nördliche Richtung, Warschau wurde mit seinen Barockbauwerken stilbildend für das ganze Land. Die prachtvollste Barock-Residenz ist das in Wilanów bei

## Architektur in Polen

Warschau gelegene Schloß des Königs *Jan III. Sobieski*, dem »Retter des Abendlandes«. Wie alle absolutistischen Herrscher wollte Jan Sobieski ein eigenes »Versailles« besitzen, zumal er nach dem Sieg über die Türken zu Ruhm gelangt war. **Schloß Wilanów** ist ein hervorragendes Beispiel barocker Schloß- und Gartengestaltung und das meistbesuchte Schloß Polens.

Die königlichen Bauten wurden zum Vorbild für die Gebäude weltlicher und geistlicher Machthaber, die den höfischen Lebensstil nachzuahmen trachteten. Manche Adelsgeschlechter engagierten für ihre Bauvorhaben bekannte Baumeister aus dem Ausland, und so ist es dem Geschlecht der Lubomirskis zu verdanken, daß *Tylman van Gameren* den Weg nach Polen fand und hier eine ungeheuer reiche Tätigkeit entfaltete. Van Gameren vertrat die klassizistische Strömung des Barock in Polen und war der Schöpfer vieler Kirchen und Paläste – namhafteste Beispiele sind **St. Anna** in Krakau und der **Krasiński-Palast** in Warschau.

Heute wird angesichts der großartigen Residenzen meist vergessen, daß während des Barock überall in Polen große und kleine Kirchen errichtet wurden. Die meisten wurden von ortsansässigen Künstlern und Handwerkern gestaltet, bei einigen halfen ausländische Baumeister mit ihrem Rat. Heute sind die Namen vergessen und die meisten der kleineren Bauten den Kriegswirren zum Opfer gefallen. Kein anderer Stil wurde in Polen von einer so breiten Schicht aktiv Beteiligter getragen wie der barocke. Vielfach wurden jedoch keine neuen Bauten errichtet, sondern bestehende entsprechend umgestaltet. Manch eine gotische Wehrburg erhielt innerhalb kurzer Zeit ein völlig anderes – barockes – Gesicht.

Wie sehr der Geschmack des jeweiligen Herrschers die polnische Architektur beeinflußte, wird während des Spätbarock und Rokoko deutlich. 1697 bestieg der Kurfürst von Sachsen, August der Starke, den polnischen Thron. Mit ihm kamen sächsische Baumeister nach Warschau, die Residenz wurde umgestaltet. *Friedrich Pöppelmann*, Erbauer des Dresdner Zwingers und des **Chapski-Palastes** in Warschau, war unter ihnen der berühmteste.

Ab ca. 1760 setzte sich in Warschau allmählich der Klassizismus durch. König *Stanisław August* förderte ihn besonders durch sein Mäzenatentum. Der nach ihm benannte »Stanisław-August-Stil« ist eine Mischung aus polnischen, italienischen und französischen Formen, abzulesen beispielsweise am Łazienski-Palast. Auch der heutige Präsidentensitz in Warschau ist ein klassizistischer Bau.

Die Baukunst war für die polnische Nation über Jahrhunderte hinweg wesentlicher Bestandteil ihrer kulturellen Identität. Auch heute hat sich daran nichts geändert, was der sorgsame Umgang der Polen mit ihren historischen Gebäuden beweist. Ihre Auffassung von Denkmalpflege ist besonders seit dem Zweiten Weltkrieg vorbildlich und international anerkannt.

# Die polnische Kirche

Pfingstprozession 1928

## Die polnische Kirche

Der praktizierte Katholizismus der Polen und ihre volkstümliche Frömmigkeit rufen bei ausländischen Betrachtern oftmals Befremden, wenn nicht Ablehnung oder ein Gefühl von Überlegenheit hervor. Bei der Beurteilung des Verhältnisses der Polen zur Kirche muß man sich jedoch die Geschichte vor Augen halten.
Als das Land im 12. und 13. Jahrhundert in mehrere rivalisierende Teilfürstentümer zersplittert war, erwuchs der Kirche erstmals die Aufgabe, die nationale Einheit zu bewahren: Die Kirche war damals die einzige landesweit bestehende Institution. Eine ähnliche Rolle kam ihr in den 125 Jahren der polnischen Teilung seit Ende des 18. Jahrhunderts zu. Da kein Staatswesen mehr existierte, übernahm die Kirche viele Aufgaben, die normalerweise dem Staat obliegen. So lag das Bildungswesen fast ausschließlich in der Hand der Kirche. Die Kirche Polens war nicht Staatskirche, sie trat sozusagen an seine Stelle. Seit dieser Zeit kann in Polen von einer »Volkskirche«, einer Kirche des Volkes und für das Volk, gesprochen werden. Auch heute noch sollte man in volkskirchlichen Äußerungen – wie den Wallfahrten und der Marienverehrung – nicht nur religiöse oder folkloristische Ausdrucksformen sehen, sondern zugleich nationale und politische. Vielfach wird die Auffassung vertreten, der Katholizismus spiele in Polen die Rolle der nationalen Ideologie. Richtig ist, daß die Religiösität und der Respekt vor der Kirche sich nationbildend und -tragend gezeigt haben.
Besonders der Kult, der um die »*Schwarze Madonna von Tschenstochau*« getrieben wird, erinnert manchen an mittelalterlichen Wunder-

# Die polnische Kirche

glauben. Ihr größtes Wunder vollbrachte sie während der »Nordischen Kriege«, als im Jahre 1655 die schwedischen Belagerer des Klosters gegen alle Wahrscheinlichkeit von den Polen in die Flucht geschlagen wurden und damit einen Stimmungsumschwung bei den demoralisierten Polen bewirkte. Die »Schwarze Madonna«, das Symbol der polnischen Volkskirche, gilt noch immer als »Königin Polens«, von deren Herrschaft man sich eine geeinte, einige und freie Nation erhofft.

In der Zeit der deutschen Besatzung während des Zweiten Weltkrieges wurde ein Viertel aller polnischen Geistlichen von den Nationalsozialisten umgebracht. Die Kirche spielte ihre Rolle als nationale Widerstandsorganisation in einer Weise, die man als heldenhaft bezeichnen muß. Sie kollaborierte nicht nur nicht mit dem Feind, sondern sie arbeitete auch in der Untergrundbewegung aktiv mit. Viele Priester kämpften als Partisanen.

Nach Ende des Zweiten Weltkrieges präsentierte sich die Kirche als die einzige vom gesamten Volk respektierte Macht. Das Nachkriegs-Polen in den neuen Grenzen war ein Staat mit mehr als neun Zehntel praktizierender Katholiken, er befand sich jedoch in der Hand einer kleinen, von fremden Mächten gesteuerten atheistischen Gruppe. Eine Konfrontation von Kirche und Staat war unvermeidlich. Sie begann schon Ende der vierziger Jahre: Die katholische Presse wurde verboten, Hunderte von Priestern verhaftet und der polnische Primas *Stefan Wyszyński* unter Hausarrest gestellt.

Erst 1956 bemühte sich die Staatsmacht um eine Normalisierung ihres Verhältnisses zur Kirche. Wyszyńskis Hausarrest wurde aufgehoben. Die weltlichen Herrscher hatten erkennen müssen, daß sie das hohe Ansehen der Kirche beim Volk nicht untergraben konnten und nahmen es in Kauf.

Während der gesamten Zeit der kommunistischen Herrschaft übernahm die Kirche die Rolle der Opposition. Sie reklamierte für sich nicht nur den Part der moralischen Autorität der Nation, sie nahm sich auch das Recht, zu sozialen und politischen Fragen öffentlich Stellung zu beziehen. In den Augen der Gläubigen hatte sie sogar die Pflicht dazu. Auch kirchenkritische Intellektuelle der Opposition sahen schließlich in der Kirche die einzige Kraft, der es gelang, gewisse geistige Freiräume offenzuhalten.

Unter dem Ende 1981 ausgerufenen Kriegsrecht trat die Kirche unmißverständlich für Arbeiterrechte und Freiheit ein. Gleichzeitig wirkte sie durch ihre Mahnung zu Ruhe und Gewaltlosigkeit einer Eskalation zum Bürgerkrieg entgegen. Nach Ende des Kriegsrechts 1983 genoß die Kirche hohes Ansehen, nicht zuletzt wegen der Popularität des aus Polen stammenden Papstes *Karol Wojtyła*.

Zum jüngsten Märtyrer der polnischen Kirche wurde 1984 der junge Warschauer Priester *Jerzy Popiełuszko*. Der auch innerhalb der Amtskirche nicht unumstrittene Geistliche hatte sich mit seinen öffentlichen »Gebeten für das Vaterland« im Staatsapparat Feinde geschaffen. Er

**Die polnische Kirche**

wurde von Geheimpolizisten entführt, gefoltert und ermordet. Diese Greueltat hätte beinahe den friedlichen politischen Umwandlungsprozeß in blutigen Aufruhr umschlagen lassen. Die drei Mörder wurden in einem spektakulären Prozeß zu langjährigen Strafen verurteilt, ihre Auftraggeber jedoch nie ermittelt.

In den Jahren des geordneten Rückzugs der Kommunisten von der Macht hatte die Kirche Zeit, ihre eigene Rolle neu zu bestimmen. Am Ende der Entwicklung war sie nicht mehr Opposition, sondern hatte nach dem Wahlsieg des linkskatholischen Publizisten *Tadeusz Mazowiecki* an der Regierungsgewalt teil.

Gegenwärtig ist die Suche der Kirche nach einem angemessenen Standort innerhalb der Gesellschaft im vollen Gange.

Viele Polen empfinden die Einmischung der Kirche in die Tagespolitik inzwischen als unangebracht. Bei einer vom Zentrum für Meinungsforschung 1991 vorgenommenen repräsentativen Umfrage erklärten 67 Prozent von insgesamt 1000 Befragten: »Die Kirche hat zuviel Macht in Polen«. Die katholische Kirche hatte 1991 die Wiedereinführung des Religionsunterrichtes in den Schulen durchgesetzt und steht hinter den Bestrebungen von Papst *Johannes Paul II.* nach einem völligen Abtreibungsverbot. Bei seinem Polenbesuch im Juni 1991 verglich der Papst den Schwangerschaftsabbruch mit dem Holocaust und stieß damit auf heftige Kritik im Lande. Es war das erste Mal, daß dem Papst in seiner Heimat etwas anderes als »uneingeschränkte Verehrung« entgegengebracht wurde.

Vor der Wallfahrtskirche in Tschentochau

# Schlesien/Śląsk

Das im heutigen Südosten Polens gelegene Schlesien galt schon seit vielen Generationen als besonders begünstigtes Gebiet. Die fruchtbare **niederschlesische Tiefebene** in Verbindung mit dem an Bodenschätzen so reichen **Oberschlesien** stellte aber auch für Herrscher aus allen Himmelsrichtungen über Jahrhunderte hinweg eine begehrte Kriegsbeute dar.
Nach dem Zweiten Weltkrieg wechselte Schlesien zuletzt seinen Besitzer. Die meisten Bewohner des deutschen Gebietes flohen in den Westen. Das verwüstete und entvölkerte Land wurde von vertriebenen Ostpolen in Besitz genommen.
Das oberschlesische **Industrierevier** bildet heute das industrielle Herz Polens und ist damit zum Zentrum der Umweltverschmutzung geworden. Niederschlesien hingegen ist heute noch weitgehend von der Landwirtschaft geprägt. Viele Menschen aus dem Industrierevier Oberschlesiens nutzen dieses Gebiet zur Erholung.
Noch beliebter sind jedoch die **Sudeten/Sudety'** im Süden, die eine natürliche Grenze zur Tschechoslowakei darstellen. Das Herz der Sudeten bildet das **Riesengebirge/Karkonosze,** das seit Generationen touristisch erschlossen ist.
Die wiedererrichteten schlesischen Städte mit ihrer charakteristischen deutschen Architektur – allen voran Breslau – ziehen heute viele Nostalgietouristen an. Diese Art des Tourismus sollte aber nicht nur das Heimweh befriedigen, richtig verstanden kann sie auch zur Verständigung beitragen.

Ludwig Richter, Der kleine Teich. 1839

# Annaberg/Góra Świętej Anny

Auf dem Besuchsprogramm eines deutschen Touristen sollte ein Ort auf keinen Fall fehlen: Der Annaberg, etwa 30 Kilometer südlich von Oppeln/Opole. Diese rund 400 Meter hohe Basalthöhe gilt gemeinhin als der »deutsch-polnische Schicksalsberg«. Für sehr gläubige Polen ist er zudem ein beliebter und oft besuchter Wallfahrtsort.

schen Aufständischen besetzte Anhöhe nach einer blutigen Schlacht ein. Wenngleich dieser Berg von keinerlei strategischer Bedeutung war, so hatte der Kampf um ihn doch eine nachhaltige psychologische Wirkung. Sowohl für Polen, als auch für Deutsche wurde der Annaberg zum Symbol des eigenen Anspruches auf Schlesien.

Der Annaberg ist aber auch seit Generationen das Ziel von Pilgerzügen. Auf dem Gipfel des Basalt-

Blick auf den Annaberg

Vom Gipfel aus kann der Besucher seinen Blick über das weitläufige Odertal schweifen lassen. Der Ausblick wird aber nur wenigen gefallen. Wo früher Bäume standen und Vögel flogen, blasen heute neuerrichtete Kokereien und Chemiewerke Giftstoffe in die einst unberührte Natur.

Traurige Bedeutung für das deutsch-polnische Verhältnis erlangte der Annaberg 1921. Damals nahmen deutsche Grenzschutztruppen, die von polni-

hügels trifft der Besucher auf ein **Franziskanerkloster** und eine Kirche aus dem 15. Jahrhundert. Der Weg dorthin führt an 30 kleinen barocken **Kreuzwegkapellen** vorbei.

## Bledower Wüste/ Pustynia Błędowska

Von den vielen architekturhistorischen Schönheiten Schlesiens unterscheidet sich eine vielbesuchte Touristenattraktion grundsätzlich. In der Nähe der Ortschaft **Olkusz** erstreckt sich auf einem Gebiet von 32 Quadratkilometern die einzige Wüste Mitteleuropas.

Ihr Ursprung ist bis heute unklar und gibt zu den vielfältigsten Spekulationen Anlaß. Ein Flüßchen, das die Wüste durchzieht, bildet an seinem Ufer eine Flußoase aus. Zehn Meter hohe Dünen lassen den Beschauer an die Sahara denken.

Die Einheimischen versichern, man könne hier sogar das Phänomen einer Fata Morgana erleben. In der Besatzungszeit nutzte »Wüstenfuchs« Rommel dieses Gebiet, um seine Soldaten auf den Einsatz in Nordafrika vorzubereiten. Nach dem Krieg diente die Bledower Wüste als Kulisse für Abenteuerfilme.

Die geringe Vegetation jedoch erinnert bei näherer Betrachtung an europäische Küsten. Sie besteht im wesentlichen aus Strandhafer. Das gesamte Gebiet ist von niedrigen Kiefernwäldern umsäumt. Ihren Namen hat die Wüste von dem kleinen Ort **Błędów,** der in der Flußoase liegt. Vom Kirchturm dieses Dorfes – wenn er nicht gerade für die Öffentlichkeit gesperrt ist – hat man einen Blick, der sich mit keinem anderen in Polen vergleichen läßt.

Archäologen haben im Wüstensand verschiedene Funde ausgegraben, die bis in die Steinzeit zurückreichen und die hervorragende konservierende Eigenschaft des Sandes bewiesen.

Der Ort **Olkusz**, durch den der Besucher auf dem Weg zur Bledower Wüste kommt, kann zwar auf eine lange Geschichte zurückblicken – seit dem 12. Jahrhundert war er durch Silberbergbau bekannt – bietet aber neben Fragmenten der alten Stadtmauer nur eine **gotische Pfarrkirche** als Besichtigungspunkt an. Dieses Gotteshaus, das aus dem 14. Jahrhundert stammt und sich am Marktplatz befindet, besticht durch seine reichhaltige Innenausstattung.

## Brieg/Brzeg

Nur noch Baudenkmäler erinnern an die glanzvolle Vergangenheit des kleinen Oderstädtchens. Von 1311 bis 1675 war die Kleinstadt Residenz der Piastenherzöge von Brieg. In der Renaissance erlebte sie ihre Blütezeit und galt im 17. und 18. Jahrhundert als führendes polnisches Verlagszentrum. Heute ist Brieg nur noch einer von vielen tristen Industrieorten im Süden Polens, die ihr modernes Antlitz dem raschen Wiederaufbau nach dem Zweiten Weltkrieg verdanken.

Das einzige historische Prunkstück des zwischen Oppeln und Breslau gelegenen Ortes ist die rekonstruierte **Burg** der Brieger Herzöge. Sie gehört zu Polens wertvollsten Baudenkmälern aus der Renaissance. Die Burg wurde von 1541 bis 1560 gebaut. Ihre Bauherren, allesamt natürlich Herzöge und Könige, sind mit ihren Büsten am 1551 errichteten **Torhaus** verewigt.

Neben diesem Torhaus steht die gotische **Burgkapelle** aus dem Jahre 1371.

# Brieg/Brzeg

Heute zeigt das **Burgmuseum** eine umfangreiche Sammlung mittelalterlicher und barocker Kunst. Ins Auge fallen dem Besucher auch die prunkvollen Sarkophage der letzten Piasten, die von der Burgkapelle hierhergebracht wurden.

Brieg

Nicht weit vom Museum entfernt, erhebt sich die barocke **Jesuitenkirche**. Deren reiche Innendekoration ist weitgehend erhalten geblieben. Das Gotteshaus stammt aus dem 18. Jahrhundert. Im Zentrum der Stadt ziert das aus der Spätrenaissance stammende **Rathaus** den Marktplatz. Es wurde zwischen 1570 und 1577 erbaut; für die Innendekoration verwendeten die Erbauer mittelalterliche Fragmente. Der Bau harmoniert mit den nahegelegenen Bürgerhäusern aus der Zeit der Renaissance und des Barock. Ende der sechziger Jahre des 20. Jahrhunderts genehmigten die sozialistischen Stadtväter den Wiederaufbau der jetzt alles überragenden gotischen **Pfarrkirche**. Die Fundamente wurden schon um 1370 angelegt.

Der Altstadtkern ist von **Wall-Bastionen** umgeben. Dieser Befestigungstyp läßt die Hand niederländischer Baumeister des 17. und 18. Jahrhunderts erkennen. Heute sind die Befestigungswälle zu Grünanlagen umgestaltet, in die die Altstadt gebettet ist. Der parkähnliche Grünstreifen lädt jeden Besucher zum erholsamen Spaziergang förmlich ein.

## Bunzlau/Bolesławiec

Seine **Keramikmanufakturen** haben den kleinen schlesischen Ort an der Dober/Bobr schon vor Jahrzehnten in ganz Europa berühmt gemacht. Obwohl deutsche Töpfer heute vielfach ihre Waren als *»Bunzlauer Töpfe«* anpreisen, so kommen doch die einzig wahren immer noch aus Schlesien. Kenner und Liebhaber der originalen »Bunzeltippel« pilgern aus dem In- und Ausland jedes Jahr in Scharen in den Südwesten Polens. Alle haben dabei nur eines im Sinn: den Meistern bei der Herstellung jener Töpfe über die Schulter zu schauen und hinterher einen fertigen käuflich zu erwerben.

Auch in Bunzlau wurde der **alte Stadtkern** wiederhergerichtet. Schöne alte Giebelhäuser mit Fassaden aus der Spätgotik und Renaissance umgeben das **Rathaus** aus dem 16. Jahrhundert. Es hat seine heutige Form allerdings erst zweihundert Jahre später erhalten. Die Reste einer doppelreihigen **Stadtmauer** und der **Bastei** aus dem 14. Jahrhundert zeugen von der langen Geschichte des Ortes.

Nach dem Krieg hat man in Bunzlau leider ein großes Schwefelsäure erzeugendes Chemiewerk errichtet. Dieses unansehnliche und stinkende Werk hat die touristische Attraktivität der Stadt natürlich nicht gerade gesteigert.

## Glatz/Kłodzko

Wer es vermag, sich die Automobile in dem kleinen Städtchen an der Glatzer Neiße/Nysa Kłodska wegzudenken, der fühlt sich in der **Altstadt** wahrlich ins Mittelalter zurückversetzt. Bereits im 10. Jahrhundert erhob sich hier zum Schutze polnisch-böhmischer Händler ein gewaltiger Festungsbau. Im Stadtzentrum erinnern noch viele steinerne Zeugen an die lange Tradition des Ortes.

Das **Rathaus am Marktplatz** ist im Laufe der Jahrhunderte verändert worden: Es war ursprünglich gotisch, wurde aber Mitte des 17. Jahrhunderts um einen Renaissance-Turm ergänzt. Seit dem 18. Jahrhundert ziert ein barocker Brunnen den Platz davor. Das Stadtbild wird ansonsten durch alte Bürgerhäuser und durch die **gotische Pfarrkirche** (14. bis 15. Jahrhundert, barocke Innenausstattung) geprägt.

Vom Marktplatz aus führt eine schmale Gasse südwärts zur gotischen **Steinbrücke** aus dem 14. Jahrhundert. Der Viadukt wurde nach dem Vorbild der Prager Karlsbrücke im 17. Jahrhundert mit prächtigen Skulpturen geschmückt. Die Brücke führt den Besucher von der Altstadt zu der vom Mühlenkanal und der Neiße gebildeten Sandinsel mit dem im 17. Jahrhundert erbauten barocken **Franziskanerkloster**.

Glatz, Steinbrücke

Die Stadt wird von einer **Festung** überragt, die auf den Fundamenten der ehemaligen Siedlung steht. Preußenkönig *Friedrich II.* ließ die Festung nach der Eingliederung Schlesiens im 18. Jahrhundert ausbauen. Die Festung stellt einen attraktiven Besuchspunkt dar, denn von ihren Zinnen hat man eine schöne Aussicht auf die mittelalterliche Stadt. Die feuchten, spinnenwebenverhangenen Verliese stehen zur Besichtigung offen.

## Hirschberg/Jelenia Góra

Dort, wo sich Dober und Kamienna gabeln, wurde im 12. Jahrhundert in einem Talkessel der Sudeten der Ort Hirschberg

Glatz, Festung

# Hirschberg/Jelenia Góra

gegründet. Heute ist die unbehaglich wirkende Großstadt das Zentrum der westlichen Sudeten. Trotzdem ist die Stadt bei Besuchern sehr beliebt. Nicht nur wegen der günstigen Ausflugsmöglichkeiten in die landschaftlich reizvolle Bergwelt, sondern auch wegen der alten Innenstadt, in der viele Renaissance und Barockbauten bestehen blieben.

Hirschberg, Marktplatz

Am **Marktplatz** fällt das barocke Rathaus aus dem Jahre 1747 auf. Davor sprudelt ein Neptunbrunnen. Alte Bürgerhäuser mit malerischen Arkadengängen umgeben den Marktplatz.

An der westlichen Seite der Altstadt liegt die **Burgbastei,** am östlichen Rand eine **spätgotische Pfarrkirche.** Der Turm des im 14. Jahrhunderts errichteten Gotteshauses ist 70 Meter hoch.

Die ebenfalls im östlichen Teil der Altstadt gelegene **Heilig-Kreuz-Kirche** wurde in den Jahren zwischen 1709 und 1718 im Barockstil erbaut.

Ein Besuch des benachbarten **Friedhofs** lohnt sich wegen der reich verzierten Grabkapellen aus dem 18. Jahrhundert. Etwas außerhalb der Stadt erhebt sich auf einer Anhöhe ein **Aussichtsturm.** Von hier aus hat man bei gutem Wetter einen interessanten Rundblick bis zum Riesengebirge. Auch lassen sich auf der Hügelkuppe noch die Überreste einer Ansiedlung aus dem 12. Jahrhundert erkennen.

Der alte Kurort ◆**Bad Warmbrunn/Cieplice Śląskie Zdrój** ist heutzutage ein Vorort von Hirschberg.

Im Zentrum des Ortes ließen die polnischen Stadtoberen in den sechziger Jahren ein im sozialistischen Sinne **modernes Sanatorium** mit öffentlicher Trinkhalle bauen.

Den heißen schwefelhaltigen Quellen werden vielfältige heilende Wirkungen, vor allem bei Erkrankung der Harnwege, nachgesagt.

Neben dem Kurzentrum fällt ein im barock-klassizistischen Stil gehaltenes **Schloß** auf. Es wurde 1784 bis 1789 von der reichen Familie Schaffgotsch erbaut. Ebenso sehenswert ist die spätbarocke **Pfarrkirche,** deren Interieur von alten Gemälden beherrscht wird.

In unmittelbarer Nachbarschaft von Hirschberg liegen viele kleine Ausflugs- und Erholungsorte, in denen die Tradition der **Kristallherstellung** und -schleiferei gepflegt wird. Kaum ein Tourist, der nicht eine Vase, ein Schälchen oder eine der vielen Nippesfiguren als Souvenir mit nach Hause nimmt. Bleikristall aus den Sudeten hat immer noch einen guten Ruf.

# Kattowitz/Katowice und das oberschlesische Industrierevier

Die Industriestadt Kattowitz ist im Vergleich zu anderen schlesischen Städten sehr jung und ohne eigene Geschichte. Sie wurde im 16. Jahrhundert errichtet und verdankt ihre Entstehung den **Erz- und Kohlevorkommen** der Umgebung. Erst 1864 erhielt Kattowitz das Stadtrecht. Heute ist Kattowitz das Zentrum des oberschlesischen Industrierevieres.

Viele Namen weisen auf einen starken Anteil deutscher Bewohner hin. Anderseits wanderten im Laufe der Geschichte auch viele polnische Kumpel in die Grubengebiete des deutschen Westens aus. Die Pflege der Tradition beschränkt sich in Kattowitz und dem übrigen oberschlesischen Industrierevier auf die Bewahrung bergmännischen Brauchtums. Knappenkapellen, Gesangsgruppen und Trachtenensembles halten die Sitten und Gebräuche des frühen Bergbaus lebendig.

Kattowitz verfügt über kein historisch interessantes Gebäude und unterscheidet sich damit von fast allen anderen polnischen Städten. In den fünfziger Jahren bemühte sich die damalige Führung, das Leben im Ballungsgebiet Oberschlesien für die Bewohner attraktiver zu gestalten. Damals wurde ein über 600 Hektar großer Park angelegt, in dem sich ein Planetarium, ein Freilichtmuseum, ein Zoologischer Garten und verschiedene Sportstätten befinden. Eine Schwebebahn ver-

Industrieanlagen in Kattowitz

bindet die einzelnen Attraktionen miteinander. All dies kann nicht darüber hinwegtäuschen, daß die Lebensqualität für die Bewohner des Industrierevieres wegen der katastrophalen Umweltbelastungen zu den schlechtesten in Polen zählt.

Der einzige Ort des oberschlesischen Industrierevieres, dem man einen gewissen touristischen Reiz abgewinnen kann, ist ➜**Tarnowitz/Tarnowskie Góry**. Der 27 Kilometer nördlich von Kattowitz am Rande des Industrierevieres gelegene Ort war schon in der Mitte des 13. Jahrhunderts als Bergbaumetropole berühmt. Bleierz und Silber wurden abgebaut. Einige der vielen tausend kleinen **Stollen,** die im Laufe der Jahrhunderte in die Erde getrieben wurden, sind als Industriedenkmale erhalten geblieben und können besichtigt werden. In manche fährt man mit einem Boot hinein.

Die Stadt am Rande des oberschlesischen Industrierevieres hat den Bergbau folkloristisch verklärt. So werden alljährlich traditionelle Knappentage veranstaltet. Das **Bergbaumuseum** bietet einen Überblick über die Abbautechniken der verschiedenen Epochen.

Technisch Interessierte erfahren hier auch, daß 1788 in Tarnowitz die erste europäische Dampfmaschine in Betrieb genommen wurde.

Das Museum am Marktplatz ist in einem Gebäude aus dem Jahre 1526 untergebracht, in dem sich auch ein legendärer **Weinkeller** befindet. In diesem Lokal zechte nicht nur Polens berühmter König Jan III. Sobieski 1683, bevor er sich in die Schlacht bei Wien warf, um das Abendland vor den Türken zu retten, sondern auch der deutsche Dichterfürst *Johann Wolfgang von Goethe*. Ebenfalls am Markt befinden sich noch einige Patrizierhäuser aus dem 16. bis 18. Jahrhundert. Die meisten davon sind durch Arkadengänge miteinander verbunden.

Am Westrand des Reviers liegt die über 200 000 Einwohner zählende Stadt ➔**Gleiwitz/Gliwice**. Sie ist nicht nur in Deutschland vor allem wegen eines Radiosenders bekannt geworden. Im Morgengrauen des 31. August 1939 stürmten deutsche Nationalsozialisten in polnischen Uniformen den deutschen Sender Gleiwitz. Damit lieferten sie den Vorwand zum Überfall auf Polen. Die Stadt selbst konnte mehr als andere Orte des Reviers einige architektonische Überbleibsel bewahren. Am **Markt** wurden nach dem Zweiten Weltkrieg die meisten Patrizierhäuser rekonstruiert, die spätgotische Pfarrkirche ist ebenso wiederhergestellt wie das **Piastenschlösschen**.

## Krummhübel/Karpacz und das Riesengebirge/ Karkonosze

Das Staatsgebiet Polens grenzt im Südosten an die **Sudeten/ Sudety**. Der größte Teil dieses Gebirges gehört zwar zur Tschechoslowakei, dennoch bieten die polnischen Sudeten Naturliebhabern und Wintersportlern gute Erholungsmöglichkeiten. Die Hochregion der Sudeten stellt das **Riesengebirge/Karkonosze** dar. Hier erhebt sich die berühmte **Schneekoppe/Śnieżka**, ein beliebtes Ferienziel.

Die interessantesten Gebiete des Riesengebirges – einschließlich der Schneekoppe – wurden zu einem **Nationalpark** erklärt. In diesem 56 Quadratkilometer umfassenden grenzübergreifenden Schutzgebiet sollen neben der urwüchsigen Natur auch seltene alpine Tierarten, zum Beispiel Mufflons (Wildschafe mit großen schneckenförmig gedrehten Hörnern), überleben.

In früheren Zeiten verringerten Köhler den Baumbestand des einstigen Urwaldgebietes. Heute sind es Industrieabgase aus dem oberschlesischen Industrierevier und den tschechischen Braunkohlekraftwerken, die das Gebirge zusehends ökologisch zerstören.

Gleiwitz, Markt

**Krummhübel/Karpacz/Riesengebirge/Karkon**

Riesengebirge

Seit vielen Generationen ist das Riesengebirge touristisch erschlossen. Schon im 19. Jahrhundert war das Riesengebirge zu einem der meistbesuchten Urlaubsziele der Deutschen geworden.

Nachdem der Polenreisende heute in zahlreichen Städten auf Zeugen einer langen und interessanten Vergangenheit gestoßen ist, vermutet er in der Abgeschiedenheit des Riesengebirges eine geschichtslose Zone. Das Gegenteil ist der Fall. In der Zeit von 3500 bis 1700 v. Chr., also bereits am Ende der Jungsteinzeit, war dieses Gebiet erschlossen worden. Davon zeugen zahlreiche archäologische Funde. Im 13. Jahrhundert n. Chr. entwickelten sich die Sudeten zu einem erstaunlich dicht besiedelten Gebiet. Gefördert von den Piastenherzögen – und später auch der Geistlichkeit – ließen sich Zuwanderer, die hauptsächlich aus der Lausitz, der Gegend um Meißen und aus Thüringen stammten, hier nieder. Seit dem 14. Jahrhundert wurde im größeren Stil Erz abgebaut und verhüttet. Um das Eisen aus dem Erz zu schmelzen, wurde eine große Menge Holzkohle benötigt. Daher fiel ein großer Teil des Sudetenwaldes den Axthieben der Köhler zum Opfer. Die Köhler hinterließen große Waldblößen, die das Landschaftsbild bis heute prägen.

Während des Dreißigjährigen Krieges suchten Anhänger einer protestantischen Religionsgemeinschaft aus der Tschechoslowakei in der Abgeschiedenheit der Sudeten Zuflucht. Sie waren es, die die Tradition des Kräutersammelns begründeten. Fachkundige Männer verarbeiteten die Vielfalt der Bergkräuter zu unterschiedlichen Medizinen. Diese Spezialisten wurden bald »Laboranten« genannt.

Zunächst zogen die Laboranten mit ihren Präparaten auf die schlesischen Jahrmärkte. Nach einigen Generationen war der Ruhm der Kräuterexperten aus den Sudeten so gewachsen, daß sie ihre über 200 Elexiere bis auf den russischen und englischen Markt verkaufen konnten.

Riesengebirge

..., Mitte des 19. Jahrhunderts die Laboranten von neidischen Ärzten erfolgreich bekämpft wurden, hatte sich bereits ein anderer Wirtschaftsfaktor entwickelt: Am Fuße der Schneekoppe entstand mit dem Dorf ➜**Krummhübel** einer der ersten vom Tourismus geprägten Orte.

Karpacz ist im Jahre 1960 aus der alten deutschen Ortschaft Krummhübel und einigen umliegenden Dörfern und Ansiedlungen hervorgegangen. Die Entwicklung des Touristenzentrums aus einzelnen, ursprünglich auf Landwirtschaft konzentrierten, Siedlungen erklärt, warum die Stadt über keinen geschlossenen Siedlungsraum verfügt, sondern sich in einzelne Teile aufsplittert, die allmählich zusammenwuchsen. Die Ortsteile weisen einen Höhenunterschied von bis zu 400 Metern auf.

Das neue Krummhübel erhielt in den sechziger und siebziger Jahren sein Gesicht. In der urwüchsigen Landschaft entstanden zahlreiche Ferienheime und Erholungsstätten. Krummhübel wurde zu einem Zentrum des polnischen Massentourismus. Eine Rennrodelbahn, zwei Sessellifte, zwei Schwimmbäder und viele Tennisplätze laden in jeder Jahreszeit zu sportlicher Betätigung ein. Leider befinden sich alle Anlagen heute nicht mehr in bestem Zustand.

Sorgfältig gepflegt jedoch wird in dem Ortsteil ➜**Brückenberg/Bierutowice** eine berühmte, aus Holzbalken zusammengefügte, kleine Kirche, die zu den Hauptanziehungspunkten der polnischen Sudeten gehört. Es handelt sich um eine echte **norwegische Stabkirche** mit dem Namen »Wang«. Das hölzerne Bauwerk ist rechtwinklig angelegt und wird von einer halbkreisförmigen Altarnische ergänzt. Die Kirche stand seit Ende des 12. Jahrhunderts in der Ortschaft Wang in Südnorwegen. Anfang des 19. Jahrhunderts wollte die Gemeinde ihr zu klein gewordenes Gotteshaus verkaufen, um einen finanziellen Grundstock für einen größeren Neubau zu erlangen. Damals gelang es dem in Dresden lebenden, aus Norwegen stammenden, *Maler J. K. Dahl,* Kaiser Friedrich Wilhelm IV. zu überreden, das historische Bauwerk zu kaufen, um es in Berlin aufzustellen. Auf welche Art und Weise die Einzelteile der im Jahre 1841 demontierten Kirche schließlich an ihren heutigen Standort ge-

Krummhübel, Stabholzkirche »Wang«

## Riesengebirge/Karkonosce

langten, läßt sich nicht mehr rekonstruieren. Auf jeden Fall löste die 1843 mit großem Gepränge begangene Einweihung der kleinen Kirche einen Besucherboom aus.

Das Gebäude ist von einem steilen Dach gekrönt, dessen Giebel zwei Drachenköpfe schmücken. Angeblich stammen sie von Wikingerschiffen. Interessant sind die inneren Portale: Die Balken sind mit mysteriösen alten Schnitzereien bedeckt. Köpfe von Wikingerführern, Drachenkämpfe und Löwen regen zu Spekulationen an. Ihre Bedeutung konnte nie enträtselt werden. Die Runen-Inschrift am Nordportal wurde jedoch entziffert und als »Schenkungsurkunde« übersetzt: »Einardi schnitzte mich für St. Olaf«.

Vor einer Wanderung in die Umgebung bietet sich ein Besuch des **Heimatmuseums** in der Nähe des Bahnhofs im Hauptort Krummhübel an. In dieser eigenwilligen, etwas unstrukturierten Sammlung werden Handwerksgeräte der frühen Bewohner – Bergleute, Eisenschmelzer, Köhler und Laboranten – gezeigt. Aber auch die Entwicklung des Tourismus wird anhand altertümlicher Schlittschuhe, Schlitten und Skier dargestellt.

Die ◆**Schneekoppe/Śnieżka** ist der bekannteste Berg der Sudeten und Polens. Von Krummhübel aus läßt sich sein Gipfel auf verschiedenen gut ausgeschilderten Wanderwegen in zwei bis drei Stunden erreichen. Bequemere Wanderer können einen Teil der Strecke mit dem Sessellift zurücklegen. Der Berg ist leicht zu bezwingen. Nach letzten Messungen beträgt die Höhe der Schneekoppe 1602 Meter. Der einst bewaldete Gipfel wurde vor mehreren Generationen abgeholzt. Heute scheitern die Bemühungen um eine Aufforstung an der Umweltverschmutzung: Die Abgase

Die Schneekoppe

# Riesengebirge/Karkonosze

Schneekoppe, Gipfelhaus

des oberschlesischen Industriereviers gehen hier als saurer Regen nieder und verhindern bereits das Aufwachsen junger Bäumchen.
Auf dem Gipfel der Schneekoppe befindet sich eine kleine, runde Kapelle. Diese **Kapelle des heiligen Laurentius** entstand schon in den Jahren 1665 bis 1681 und zog im Laufe der Generationen viele Pilger an. Daneben wurden immer wieder touristische Bauten errichtet. In den siebziger Jahren dieses Jahrhunderts bauten polnische Architekten eine »Hütte«, die an eine Anhäufung gestrandeter Ufos erinnert. In dem modernen Aluminiumbau ist neben dem Restaurant auch eine meteorologische Station untergebracht.

Wintersport im Riesengebirge

# Liegnitz/Legnica

In Deutschland wird Liegnitz stets mit den **Liegnitzer Bomben,** dem berühmten Lebkuchengebäck, in Verbindung gebracht. In der Stadt selbst wird man heute vergeblich nach dieser Köstlichkeit Ausschau halten. Die Liegnitzer Konditoren sind mit ihren Rezepten nach dem Krieg in den Westen gezogen.
Liegnitz kann auf eine über tausendjährige Geschichte zurückblicken: Schon im 9. Jahrhundert wurde auf dem Gebiet der jetzigen Stadt eine Wehranlage errichtet. 1241 ging Liegnitz in die Geschichte ein, als in der Nähe der Stadt die Mongolen in ihrem Vormarsch nach Westen aufgehalten wurden.
Ihre große Zeit erlebte Liegnitz von 1248 bis 1675, als die Piastenfürsten von Liegnitz-Brieg hier ihre Residenz hatten. 1760 erscheint Liegnitz erneut in den Geschichtsbüchern; Friedrich der Große siegte an diesem Ort über die Österreicher.
Noch einmal wurde die Stadt Schauplatz einer Schlacht: 1813 schlug der legendäre preußische General Blücher in der *»Schlacht an der Katzbach«* Napoleon.
Die Katzbach/Kaczawa fließt durch die historische Altstadt von Liegnitz. Das gesamte Gebiet der Altstadt läßt sich vom Turm der gotischen **Marienkirche** aus dem 14. Jahrhundert überblicken. Der Turm überragt den aller anderen Kirchen und weist dem Besucher schon von weitem den Weg in den Stadtkern.

# Liegnitz/Legnica

Die wesentlichen bauhistorischen Denkmäler befinden sich in der Nähe. Das bedeutendste ist die gotische **St. Peter- und Pauls-Kirche am Marktplatz**. Das spätgotische Gotteshaus stammt aus dem 14. und 15. Jahrhundert und zeigt dem Besucher zwei prächtig gestaltete **Portale** sowie im Innenraum ein romanisches **Taufbecken**. Ebenfalls am Marktplatz steht das **Rathaus**. Es ist sehr viel jünger und zeugt von spätem Barock; vor dem Eingang steht ein Neptunbrunnen. An den Fassaden der **Bürgerhäuser** fällt der reichhaltige Schmuck auf, der in Kratzputz-Technik ausgeführt wurde. Daneben hat man einige alte **Krämerläden**, die sogenannten Heringsbuden aus dem 16. Jahrhundert, wiederhergerichtet. Sie werden heute leider von Imbiß- und Verkaufsständen der neuen polnischen Krämer verdeckt.

Liegnitz, Verkaufsbuden

Liegnitz, Bürgerhaus

Die Piastenherzöge, denen Liegnitz eine ganze Reihe von historischen Bauten verdankt, haben ihre letzte Ruhestätte in der spätbarocken **St. Johanneskirche** gefunden. Noch heute zeugen im Innern der Kirche die barocken Malereien mit Motiven aus dem Leben der Herzöge von ihrer Macht. Ebenfalls ein schönes Beispiel des Barocks bietet das ehemalige **Jesuitenkollegium** und die ehemalige **Ritterschule**, beide aus dem 18. Jahrhundert.

Das **Piasten-Schloß**, das nördlich des Marktpatzes liegt, geht auf das 13. Jahrhundert zurück. Heute zeigt es jedoch ein sehr viel jüngeres Gesicht, denn es wurde im 19. Jahrhundert von dem bekannten deutschen Baumeister *Friedrich Schinkel* umgebaut. Das Eingangstor zieren Reliefs der alten Piastenherrscher. Die beiden Türme des Schlosses wurden zwischen dem 13. und 15. Jahrhundert gebaut. Gut erhalten ist auch das Osttor, das 1533 im Renaissancestil gestaltet wurde. Bei Grabungsarbeiten sind einige Reste der frühen Wehrburg, die an dieser Stelle angelegt worden war, zu Tage gefördert worden. Neben der Burg ist das **Glogauer Tor/Brama Glogowska,** das in

der ersten Hälfte des 15. Jahrhunderts errichtet wurde, original erhalten geblieben.
Außerhalb der Stadt kann man in dem Dorf ➜**Wahlstatt/Legnickie Pole** das **Museum der Mongolenschlacht** besuchen. Obwohl das polnische Heer an diesem Ort geschlagen wurde und der Heerführer Herzog Heinrich der Fromme fiel, konnte der Vormarsch der Mongolen durch diese Schlacht gestoppt werden. Die Ausstellung ist in der alten gotischen Dorfkirche untergebracht.
Das ehemalige **Benediktinerkloster** in Wahlstatt lohnt ebenfalls einen Besuch. Das spätbarocke Bauwerk wurde 1727 bis 1731 von dem Prager Baumeister *Kilian Ignaz Dientzenhofer* errichtet. Farbenprächtige Malereien und Skulpturen schmücken die Innenräume.

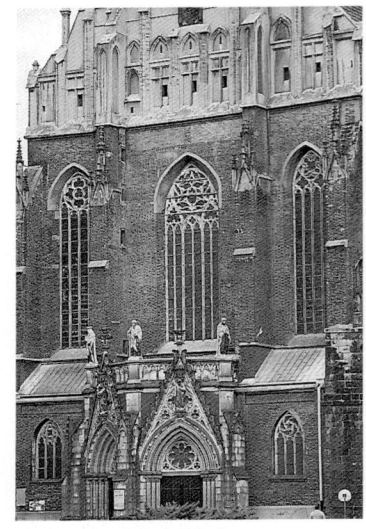

Neisse, St. Jakobskirche

## Neisse/Nysa

Liebhaber sakraler Baukunst werden in dieser Kleinstadt voll auf ihre Kosten kommen, haben doch hier mehr Kirchen als anderenorts Kriege und Brandschatzungen überstanden. Seinen Namen verdankt der oberschlesische Ort seiner Lage am Ufer der Glatzer Neisse. Vor einem Rundgang durch das Städtchen lohnt der Besuch des **Regionalmuseums**, das dem Besucher einen Überblick über die historische Entwicklung gibt.
Beginnen sollte man mit der Stadtbesichtigung an der **St. Jakobskirche** aus dem 15. Jahrhundert mit ihrem eindrucksvollen, hundert Jahre jüngeren Triptychon über dem Hauptaltar. An ein ehemaliges Jesuitenkloster angegliedert ist eine andere, üppig mit Stuck verzierte Kirche aus dem 17. Jahrhundert. Gemeinsam bilden sie einen mächtigen Barockkomplex. Dieser beherbergt das berühmte **»Carolinum«**, eine kirchliche Eliteschule. Hier haben viele polnische Persönlichkeiten ihre Ausbildung genossen; *Jan III. Sobieski,* der »Retter des Abendlandes«, war der berühmteste von ihnen. Der Bau des barocken **Bischofsschlosses** wurde bereits im 17. Jahrhundert in Angriff genommen, aber erst Mitte des 19. Jahrhundert fertiggestellt. An die zu Beginn des 18. Jahrhunderts errichtete **Peter-und-Paul-Kirche** schließt sich das Kloster der christlichen Bruderschaft **»Konvent des Heiligen Grabes«** an. Die barocken Gebäude dienen heute einem Priesterseminar.

Neisse, St. Jakobskirche

Am **Marktplatz** wurden einige der alten Häuser aus dem 15. und 16. Jahrhundert rekonstruiert. Einer der bedeutendsten Vertreter der deutschen Romantik, *Joseph von Eichendorff,* verlebte hier seine letzten Jahren. Am 11. November 1857 starb der Dichter. In Neisse trug man ihn schließlich auch zu Grabe.

Wer 22 Kilometer an der Glatzer Neisse Richtung Westen wandert, erreicht die Gemeinde ➔**Patschkau/Paczków.**

Der kleine Ort am Fuße der Sudeten weist eine historische Besonderheit auf: In keinem anderen Ort Polens läßt sich ein so gut erhaltener **Festungsring** mit mittelalterlichen Toren und Wehrtürmen bestaunen. Die Anlage hat eine Gesamtlänge von über 1200 Metern. Drei Tore sind völlig unversehrt geblieben. Vom »**Breslauer Tor**« haben die Besucher einen wunderbaren Blick auf die gesamte Anlage.

Der Renaissanceturm des Rathauses am Markt lädt zum Rundblick über den Ort und die nahen Sudeten ein. Die Bürgerhäuser ringsherum ergänzen die Vielfalt der Baustile um barocke und klassizistische Elemente. Neben den Festungsanlagen erhebt sich die **St. Johanneskirche.** Das gotische Bauwerk aus der zweiten Hälfte des 14. Jahrhunderts gehört zu den berühmtesten Wehrkirchen Europas. Mitten im Kirchenschiff wurde beim Bau des Gotteshauses ein Brunnen angelegt. Dieser sollte im Falle einer Belagerung die Eingeschlossenen vor dem Verdursten retten.

## Oppeln/Opole

Die ehemalige Hauptstadt Oberschlesiens kann auf eine lange Geschichte zurückschauen. Polnische Quellen verweisen stets darauf, daß die Stadt im 8. Jahrhundert eine bedeutende slawische Siedlung war.

In den Jahren zwischen 1201 und 1532 war Oppeln die Hauptstadt eines Piastenherzogtums. Dieses Herzogtum geriet 1327 unter böhmische Hoheit, 1532 fiel es an die Habsburger. 1740 schließlich nahm Preußen das Gebiet in Besitz. Nachdem Oberschlesien preußisch geworden war, rangen über viele Jahrhunderte polnische und deutsche Einflüsse miteinander. Oft gingen die verschiedenen Kulturen eine Symbiose ein, doch zahlreich waren auch blutige Eskalationen des Nationalismus und der Intoleranz. Mit

# Oppeln/Opole

Oppeln, Rathaus

Jahresbeginn 1945 wurde Oppeln polnisch.

Den Aufschwung nach dem Zweiten Weltkrieg als polnische Stadt verdankt Oppeln/Opole der günstigen Lage am Rande des oberschlesischen Industriereviers und der guten Verbindung zu der fruchtbaren niederschlesischen Tiefebene.

Durch das alte Stadtzentrum fließt die Oder/Odra und der Mühlenkanal/Mlynowka. Am Ufer der Oder erhebt sich die **Kathedrale.** Das gotische Bauwerk geht auf das 15. Jahrhundert zurück. In den Innenräumen ist die Renaissance-Grabplatte des letzten Piastenherzogs von Oppeln, Jan II. (der Gute) aus dem 16. Jahrhundert erhalten geblieben.

Am nahegelegenen Marktplatz beeindrucken die **Patrizierhäuser** mit ihren spätbarocken Fassaden des 18. Jahrhunderts und den reich gegliederten Erkern. Das **Rathaus,** ebenfalls am Marktplatz gelegen, ist sehr viel jünger. Viele Besucher können kaum glauben, daß der Bau aus dem Jahr 1936 stammt. Es handelt sich bei dem Gebäude um eine Nachbildung des florentinischen Palazzo Vecchio. Bei dem nahegelegenen **Franziskanerkloster** mit der dazugehörenden Kirche handelt es sich allerdings wieder um ein Original (13. Jahrhundert), wenngleich beide im 17. und 18. Jahrhundert umgebaut wurden. Die gotische St. Annakapelle des Klosters, auch **Piastenkapelle** genannt, birgt die Grabmäler der Herzöge von Oppeln aus dem 14. Jahrhundert. Die Fresken werden auf das Jahr 1330 datiert.

Neben dem Klostergelände wurden bei Ausgrabungen **Reste der ehemaligen slawischen Siedlung** freigelegt. Man hat die Grabungsstätte zu einem archäologischen Reservat erklärt und den frühen Bewohnern den Namen *Opolanen* gegeben. Nur wenige Fußminuten entfernt, konnte auf einem anderen Grabungsfeld, direkt neben einem Hochhaus, ebenfalls der Rest einer slawischen Wehrsiedlung aus dem 9. bis 12. Jahrhundert freigelegt werden.

Auf der von der Oder und ihrem Seitenarm gebildeten Insel steht die Ruine eines gotischen Turmes. Dieser **Piasten-/Piastowska-Turm** aus dem 14. Jahrhundert zeugt von einer Burg der Piastenherzöge; sie erinnerte zu sehr an die polnischen Wurzeln der Stadt und fiel daher der deutschen Kulturbarbarei zum Opfer: 1928 rissen deutsche Nationalisten sie nieder. Nur der Turm hielt stand.

An der gegenüberliegenden Seite des alten Stadtkerns, am **Kleinen Markt/Mały Rynek**, ist in dem ehemaligen Jesuitenkollegium (15. Jahrhundert) das **Museum von Oppeln und Schlesien** untergebracht. Mit reichen archäologischen, historischen und ethnographischen Sammlungen werden die kulturellen Traditionen des Gebietes von Oppeln veranschaulicht.

In der Nähe der Innenstadt legten die Stadtplaner einen **Park** mit einem eigenen kleinen Zoo und einem großzügigen Hallenschwimmbad an. Oppeln ist seinen Nachbarn vom nahegelegenen Industrierevier im Freizeitwert deutlich überlegen.

Am nordwestlichen Stadtrand haben Volkskundler das **Museumsdorf Bierkowice** aufgebaut. Viele typische ländliche Bauten aus dem 18. Jahrhundert, die in Schlesien abgerissen wurden, sind hier wieder aufgebaut. Dieses interessante Ensemble besteht aus einer Wassermühle, einem Speicherhaus, verschiedenen Bauerngehöften und einer eigenen kleinen Kirche.

## Schweidnitz/Świdnica und Kreisau/Krzyżowa

Wer sich Schweidnitz nähert, dem wird der Weg in diese niederschlesische Kleinstadt vom höchsten **Kirchturm** Schlesiens gewiesen: 103 Meter mißt der Turm der gotischen Pfarrkirche aus dem 14. Jahrhundert. Sie steht direkt am alten **Marktplatz**. Im Rathaus aus dem 16. Jahrhundert ist heute ein **Museum** untergebracht, das an die Geschichte der Stadt als Handelsmetropole erinnert.

Ein Gotteshaus, das für Schlesien gar nicht typisch ist, findet

Oppeln, Marktplatz

# Kreisau/Krzyżowa

Burg Fürstenstein

man ebenfalls in Schweidnitz. Die **evangelische Friedenskirche** wurde 1658 als Fachwerkbau ausgeführt. Im Innern besticht sie durch ihre reiche Barockdekoration.

Weit über die Grenzen Schlesiens und Polens hinaus wurde Schweidnitz aber nicht durch diese beiden Kirchen bekannt, sondern durch das nahegelegene Dorf und Gut ➜**Kreisau/Krzyżowa**. Der »Kreisauer Kreis«, die legendäre Widerstandsgruppe gegen Adolf Hitler unter Führung des Grafen Helmuth James von Moltke, führt ihren Namen auf dieses Dorf zurück. Die meisten Mitglieder der Verschwörergruppe wurden nach dem mißglückten Attentatsversuch vom 20. Juli 1944 hingerichtet. Das Gebäude, das ihnen als konspirativer Treffpunkt in Kreisau diente, wurde im Jahr 1990 anläßlich des Besuchs von Bundeskanzler Kohl mit finanzieller Unterstützung der deutschen Regierung renoviert. Das Gebäude dient jetzt als Tagungsstätte für deutsch-polnische Begegnungen. Es beherbergt eine Ausstellung über das Zusammenleben zwischen Deutschen und Polen.

## Waldenburg/Wałbrzych und Fürstenstein/Książ

Die an den Ausläufern der Sudeten gelegene Stadt ist Zentrum des niederschlesischen Kohlereviers. Mit seinen Kokereien und Bergwerken zeigt sich Waldenburg dem Besucher daher von einer wenig attraktiven Seite.

Das einzige steinerne Zeugnis des jahrhundertelangen Stadtgeschichte ist heute eine Ruine. Am Südrand der Stadt hatten Piasten-Herzöge auf einem über 600 Meter hohen Hügel zu Beginn des 14. Jahrhunderts eine **Burg** errichtet.

Neoklassizistische Gebäude prägen das Stadtbild, darunter vor

# Waldenburg/Wałbrzych

allem die von *Langhans* entworfene, 1785 bis 1788 errichtete **Kirche** und das Gebäude des **Heimatmuseums,** ein kleines, 1803 erbautes Schloß. Die Sammlung dieses Museums enthält auch eine reiche Porzellan-Kollektion, denn Waldenburg ist ein Zentrum der polnischen Porzellanindustrie.
Interessanter als die Stadt selbst sind jedoch die Orte der Umgebung. Das lohnendste Ausflugsziel ist aber die zehn Kilometer nördlich von Waldenburg gelegene größte Burg Schlesiens: **Burg Fürstenstein/Książ;** sie wurde Mitte des 16. Jahrhunderts an der Stelle einer älteren Anlage aus dem 13. Jahrhundert erbaut. Im Jahre 1941 begannen die Nationalsozialisten die Burg zu einem der Führerhauptquartiere umzubauen.
Weite Bereiche der Anlage wurden mit unterirdischen Bunkern versehen. Den Bauarbeiten fielen große Teile der historischen Anlagen zum Opfer. Hitler hatte jedoch niemals Gelegenheit, hier einzuziehen.
Heute hinterläßt die Anlage einen baufälligen Eindruck. Auch der großangelegte, durch Rhododendren farbenprächtig gestaltete Park ist verwildert. In einigen der über 400 Zimmern des Schlosses ist ein Museum eingerichtet.

C. D. Friedrich, »Morgen im Riesengebirge«

**Die Deutsche Minderheit**

Schlesisches Paar in Volkstracht, 1926

## Die deutsche Minderheit

„Polen soll uns eine Heimat sein – aber nicht nur uns Polen«. Mit diesem Satz in seiner Regierungserklärung schob der erste nichtsozialistische Ministerpräsident *Tadeusz Mazowiecki* 40 Jahre polnischer Minderheitenpolitik beiseite. In der Zeit der Volksrepublik wurde das Vorhandensein nationaler Minderheiten heruntergespielt. Statt einer Integration der wenigen auf polnischem Gebiet verbliebenen ethnischen Minderheiten betrieben die Sozialisten eine Polonisierungspolitik. Darunter hatte neben den russischen, ukrainischen, litauischen und jüdischen Minderheiten vor allem die deutsche zu leiden. Die Existenz einer deutschen Minderheit wurde von polnischen Regierungskreisen sogar bestritten.

Vor dem Zweiten Weltkrieg, in der Zeit der Zweiten Republik (von 1918 bis 1939) war Polen ein Vielvölkerstaat. Die Deutschen stellten mit einer halben Million Menschen eine eher unbedeutende ethnische Gruppe dar. Schon in dieser Phase der polnischen Geschichte wurde die Chance eines multikulturellen Zusammenlebens verpaßt. Separatistische Strömungen und großpolnischer Nationalismus bedingten sich gegenseitig und verhinderten damals ein entspanntes Zusammenleben der unterschiedlichen Volksgruppen innerhalb der Grenzen Polens. In Schlesien war es sogar kurz nach Ende des Ersten Weltkrieges zu bürgerkriegsähnlichen Unruhen gekommen, als deutsche wie polni-

# Die deutsche Minderheit

sche Nationalisten um die Zugehörigkeit dieses Gebietes zu Polen oder Deutschland stritten. Die blutigen Auseinandersetzungen gipfelten in dem Kampf um den Annaberg, der Deutschen wie Polen gleichermaßen heilig war.

Von anderem Charakter sind die Probleme um die deutsche Minderheit, die als Folge des Zweiten Weltkrieges und der in Jalta und Potsdam beschlossenen Westverschiebung der polnischen Grenzen entstanden: Bei Kriegsende befanden sich noch etwa viereinhalb Millionen deutsche Zivilisten östlich von Oder und Neiße. Mit Ausnahme des nördlichen Ostpreußen, das sie selbst in Besitz nahm, hatte die Sowjetunion ihre eroberten Gebiete der prokommunistischen, provisorischen polnischen Regierung zur Verwaltung übertragen. Die Verbrechen der deutschen Besatzer vor Augen, betrieb diese den Deutschen gegenüber zunächst eine Politik der Vergeltung – ohne Rücksicht darauf, ob sie aus dem früheren polnischen Staatsgebiet oder aus den Gebieten des ehemaligen Deutschen Reiches stammten. Die Handlungen der nationalsozialistischen Besatzer waren zu grausam gewesen, um eine andere Haltung erwarten zu lassen. Der aus Kriegs- und Besatzungszeit angestaute Haß und das offizielle im »Manifest des polnischen Komitees der nationalen Befreiung«, einer Art Regierungserklärung der provisorischen Regierung in Lublin, verankerte Gebot der Vergeltung führten zu Formen der Repression, die zum Teil die vorangegangenen Maßnahmen der Nationalsozialisten kopierten.

Ende der vierziger Jahre fand im Zuge von Jalta und Potsdam in den ehemals deutschen, dann polnischen Gebieten ein fast vollständiger Bewohneraustausch statt. Etwa drei Millionen Deutsche waren von den Umsiedlungsmaßnahmen betroffen. Auf die Vertreibung der Deutschen folgte die Ansiedlung von Polen, die aus ihrer ostpolnischen Heimat vertrieben worden waren.

In Oberschlesien jedoch hielten die polnischen Verwaltungsstellen Teile der deutschen Bevölkerung zurück. Dieses war im wesentlichen durch das Interesse an der fachlichen Arbeitskraft dieser Menschen bestimmt. Das Miteinander von verbliebenen Deutschen und neuangesiedelten Polen gestaltete sich verständlicherweise sehr kompliziert, da es von den Ereignissen der jüngsten Vergangenheit überschattet blieb. Mentalitätsunterschiede und politische Ressentiments verstärkten sich wechselseitig.

In der Phase des Kalten Krieges steigerte das gespannte Verhältnis zwischen der Bundesrepublik und Polen die Bemühungen der Sozialisten, alles Deutsche zurückzudrängen. Die DDR hingegen hatte kurz nach ihrer Gründung die Grenzen Polens anerkannt und offiziell ein freundschaftliches Verhältnis zu dem »sozialistischen Bruderland« geschaffen. Dennoch bewiesen die häufigen Spannungen zwischen der ostdeutschen Bevölkerung und den in der DDR tätigen polnischen Gastarbeitern, daß auch innerhalb der DDR-Bevölkerung antipolnische Ressentiments gährten.

## Die deutsche Minderheit

In zahlreichen polnischen Gesetzen wurde der Gebrauch der deutschen Sprache verboten. So stand der Besitz von Landkarten, auf denen deutsche Bezeichnungen von Städten und Landschaften erschienen, unter Strafe. Nach Regierungsangaben lebten Anfang der achtziger Jahre nur noch 5000 Deutsche auf polnischem Gebiet.

Die repressiven Maßnahmen nach dem Kriege zeigten nur, daß die Regierung aus der Geschichte nichts gelernt hatte: Die Polen selbst waren jahrhundertelang Opfer einer rigiden Germanisierungs- oder Russifizierungspolitik gewesen – mit dem Ergebnis, daß sie sich umso inniger mit der polnischen Sprache und Kultur identifizierten. Dieser Gegeneffekt trat ebenso bei den nationalen Minderheiten in Polen ein. Vor allem bei den Schlesiern, die sich seit Generationen als Grenzgänger zwischen der deutschen und polnischen Kultur bewegt hatten, konnte man beobachten, wie sie sich unter dem Druck der Sozialisten einem mitunter zweifelhaften »Deutschtum« zuwandten. Die Chance, die Schlesier als ein vermittelndes Element zwischen dem deutschen und polnischen Volk zu betrachten, wird erst heute – eine Generation zu spät – wahrgenommen.

Die Normalisierung zwischen der deutschen Minderheit, zu der sich mittlerweile 300 000 Menschen bekennen, und dem polnischen Staat fand mit der Unterzeichnung des deutsch-polnischen Vertrages am 17. Juni 1991 ihre offizielle Form. Während der Verhandlungen über diesen Vertrag hatte die deutsche Seite vor allem eine möglichst eindeutige Beschreibung und Regelung der Rechte der deutschen Minderheit in Polen angestrebt. Grundlage ihrer Forderungen waren die Vereinbarungen der KSZE-Menschenrechtskonferenz und die Grundsätze des Europarates. Diese internationalen Vereinbarungen enthalten neue Rechte, so ein Diskriminierungsverbot, das Recht auf freie Verbindung zum Mutterland und ein individuelles Beschwerderecht beim Europäischen Gerichtshof. Obwohl die neue polnische Führung von Anfang an bereit war, den Deutschen weitreichende Minderheitenrechte einzuräumen, gestalteten sich die Verhandlungen äußerst schwierig. Besonders die Forderung einer doppelten Staatsangehörigkeit für Angehörige der deutschen Minderheit war – nicht nur in Polen – heftig umstritten und wurde schließlich nicht erfüllt.

Der Vertrag sieht unter anderem die Förderung deutscher Kultur, den Gebrauch der deutschen Sprache und die Möglichkeit deutschsprachigen Schulunterrichts vor. Zudem sollen in überwiegend von Deutschen bewohnten Ortschaften amtliche Schilder wieder in deutsch erscheinen dürfen.

Vor Inkrafttreten des Vertrages waren viele der dort festgeschriebenen Rechte den Deutschen in Polen schon zugestanden worden. An einigen schlesischen Schulen konnte der Unterricht in deutscher Sprache wieder erteilt werden. Im Kattowitzer Regionalfernsehen und Radio wurden – ebenfalls bereits vor Vertragsabschluß – deutschsprachige Programme eingerichtet.

## Die deutsche Minderheit

Das von dem Verein »Versöhnung und Zusammenarbeit« gestaltete Programm umfaßt politische Wortbeiträge, die alle auch in polnischer Übersetzung gesendet werden, und einen Unterhaltungsteil. Zum Repertoir gehören Marlene Dietrich, Peter Alexander, die Egerländer Musikanten, Titel wie »Anneliese« und »Rosamunde«.
Bei dem ersten amtlichen Gespräch im April 1991, zwischen dem damaligen Ministerpräsidenten *Krzysztof Bielecki* und Vertretern der deutschen Minderheit, bedauerte Bielecki die vierzigjährige Fehlentwicklung. Sogar die Forderung nach einer Rückkehrmöglichkeit für die Vertriebenen wurde von ihm nicht grundsätzlich abgelehnt.
Mit dem demokratischen Umbruch bot sich den Deutschen in Polen nach vierzig Jahren erstmals wieder die Möglichkeit, sich in Interessengruppen zu organisieren. In Schlesien sind die über 200 000 Mitglieder umfassenden »Deutschen Freundschaftskreise« rechtlich anerkannt worden. Sie haben sich in Oppeln/Opole zur »Sozialkulturellen Gesellschaft der deutschen Minderheit« zusammengeschlossen. Die angestrebten Ziele sind die Pflege und Entwicklung deutscher Bildung, Kunst und Kultur sowie die Festigung des Zusammenlebens der deutschen Bevölkerungsteile untereinander. Zudem sollen bei Behörden und Institutionen Empfehlungen für die Verbesserung der Lebensbedingungen der Deutschen in Polen unterbreitet werden. Damit hat sich die »Sozialkuturelle Gesellschaft« ausdrücklich zum Ziel gesetzt, zur Eindämmung der Ausreisewelle beizutragen.
Neben all diesen sowohl von polnischer als auch von deutscher Seite geförderten Organisationen und Bewegungen, die auf einen Ausgleich der Spannungen hinarbeiten, besteht in Schlesien immer noch ein harter Kern rechtsgerichteter Separatisten, die einem »freien deutschen Schlesien« das Wort reden. Vor dem Hintergrund der tragischen geschichtlichen Ereignisse der vergangenen hundert Jahre nimmt es nicht Wunder, daß diesen Propagandisten von manchen Polen eine vielleicht übertrieben hohe Aufmerksamkeit geschenkt wird.
Aber nach den langen Jahren des Widerstandes haben inzwischen die meisten Vertreter der deutschen Minderheit angefangen, sich für ihre polnische Heimat einzusetzen. Sie arbeiten in lokalen und regionalen Selbstverwaltungsorganen mit. So ist die deutsche Bevölkerung in dem Verwaltungsgebiet Oppeln in über 60 Städten und Gemeinden vertreten. In 30 von 62 Kommunalparlamenten stellen ihre Repräsentanten sogar die Ratsmehrheit. Dies ist auch in dem Ort Krappitz/Krapkowice der Fall, aus dem der Kandidat der deutschen Minderheit für die Wahlen zum Senat (dem polnischen »Oberhaus«), der Tierarzt Heinrich Kroll, stammt. Erst im zweiten Wahlgang war er dem Solidarność-Kandidaten knapp unterlegen.
Die Rolle der deutschen Minderheit könnte sich von der eines Konfliktpunktes zum Vorreiter einer deutsch-polnischen Versöhnung wandeln, wenn sowohl die deutsche als auch die polnische Seite die Chancen für einen Neuanfang erkennen.

Ansicht von Breslau, Stich von M. Merian

## Breslau/Wrocław

Die über eintausend Jahre alte Stadt ist das Zentrum Niederschlesiens. Da Schlesien wichtigste Provinz des alten Piastenstaates war, wurde Breslau schon im Jahre 1000 Bischofssitz. Es erlangte damit die gleiche Bedeutung wie die ebenfalls um diese Zeit eingerichtete Bischofsresidenz Krakau.

Ungeachtet der sich häufig ändernden Staatsgrenzen war der Breslauer Bischof bis 1821 der polnischen Kirche unterstellt: 1335 geriet die Stadt unter böhmische Herrschaft, 1526 ritten die Habsburger in Breslau ein und 1741 eroberten es schließlich die Preußen.

Die günstige Lage Breslaus am Schnittpunkt mehrerer alter Handelswege ließ die Stadt schon im 13. Jahrhundert zu einem mächtigen Wirtschaftszentrum anwachsen.

Erst am 6. Mai 1945 konnten polnische und sowjetische Truppen die »Festung Breslau« einnehmen – Breslau wurde polnisch. Die Einmarschierenden fanden aber eine zu zwei Dritteln zerstörte Stadt vor.

# Breslau/Wrocław

Dort wo Stalinorgel und alliierte Brandbomben noch nicht ihre verheerende Wirkung entfalteten, betrieb die deutsche Wehrmacht beim Verlassen der Stadt eine Politik der verbrannten Erde.
Die deutsche Zivilbevölkerung hatte zu diesem Zeitpunkt Breslau längst den Rücken gekehrt. Wie viele alte Städte bauten die Polen auch die Odermetropole mit viel Liebe zum Detail originalgetreu wieder auf.
Von Trümmern umgeben, fand vom 15. bis 21. Dezember 1948 der »Weltkongreß der Intellektuellen für den Frieden« statt. Der spanische Delegierte *Pablo Picasso* schuf das Signum dieses Kongresses. In der damals improvisiert ausgestatteten Gaststätte »Monopol« malte er eine Taube auf einen Papierbogen. Picassos Taube ist mittlerweile als Friedenssymbol auf der ganzen Welt bekannt.
Heute leben fast ausschließlich Polen in Breslau. Viele Menschen aus den ehemals ostpolnischen Gebieten haben hier eine neue Heimat gefunden. Doch viele alte Backsteinbauten erinnern an die Zeit, als Breslau noch deutsch war.

# Breslau/Wrocław

Wie in vielen Städten ist auch in Breslau der rekonstruierte **alte Markt** der Mittelpunkt des historischen Stadtkernes. Er wird beherrscht von dem wunderschönen **Rathaus,** das zu den bedeutendsten Bauten der Gotik in Polen gerechnet wird. Seine Errichtung geht auf das 13. Jahrhundert zurück; er wurde aber bis zum 16. Jahrhundert immer wieder aus- und umgebaut. Die Steinmetzarbeiten an der Fassade stammen aus dem 16. Jahrhundert. Heute ist im Rathaus das stadthistorische **Museum** untergebracht, bei dessen Besuch man auch einen Blick in die herrlich restaurierten Rathaussäle werfen sollte. Im Keller des ehemaligen Rathauses wurden im Mittelalter noch Daumenschrauben angelegt und Delinquenten in die Länge gezogen. Aber schon seit Ende des 15. Jahrhunderts fließt hier statt Blut nur noch Bier. Noch heute ist der **Bierkeller** bei Einheimischen wie Touristen gleichermaßen beliebt. Und wenn weit nach Mitternacht die Reihen sich lichten, schon reichlich Gerstensaft der Nüchternheit hohnlacht, manch' Gast fängt an zu dichten: hört wie der Geist des Mörders stöhnt.

Fassadendetail des Rathauses

Den ganzen Markt umgeben schöne **Bürgerhäuser,** die nach dem Zweiten Weltkrieg gotisch und barock rekonstruiert wurden. Besonders bemerkenswert sind die Häuser aus dem 16. und 17. Jahrhundert mit den spätbarocken Arkadengängen. Diese kleinen Häuser werden auch »Hänsel- und Gretelhäuser« genannt.

Rathaus

Eingang zum Bierkeller

64

# Breslau/Wrocław

Maria-Magdalenen-Kirche

Über den Marktplatz erheben sich die beiden Türme der **Maria-Magdalenen-Kirche**. Das Gotteshaus stammt aus dem 14. Jahrhundert, das herrliche romanische Portal wurde jedoch schon im 12. Jahrhundert geschaffen. Es zählt zu den wertvollsten romanischen Kunstwerken Polens. Seine reiche Figuralverzierung diente vielen Künstlern als Vorbild. An der Südwand der Kirche kann man noch heute alte deutsche Grabdenkmäler erkennen.
Die **Universität Breslau** verfügt über Gebäude, um die jede andere Universität sie beneidet. Das Hauptgebäude, **das Collegium Maximum**, wurde in den Jahren von 1728 bis 1741 erbaut. Im Innern kann man die **Leopoldina-Aula** besichtigen. Dieser Saal ist vielleicht der schönste Barockraum in Polen. Heute bildet er den repräsentativen Rahmen für die Aufführung klassischer Musikwerke. Auch eine eigene Kirche gehört zum Gebäudekomplex der alten Universität: Die barocke **Jesuskirche** stammt aus dem 17. Jahrhundert.
Eine der berühmtesten polnischen Bibliotheken wurde nach dem Kriege von Lemberg nach Breslau verlegt. Das **»Ossolineum«**, eine von dem polnischen Gelehrten Ossolinski 1817 begründete Sammlung, befindet sich im Gebäude des ehemaligen Matthias-Lyceums. Dieses wurde 1715 nach vierzigjähriger Bauzeit fertiggestellt.
Der Stadtteil →**Dominsel/Ostrów Tumski** ist wegen der Verlandung eines Oderarmes heute keine Insel mehr. Der **Dom**, mit dessen Bau Mitte des 13. Jahrhunderts begonnen wurde, überragt nach wie vor seine Umgebung. An der Stelle des mächtigen Sakralbaues standen in früheren Zeiten schon mehrmals Kirchen – die erste sogar im 9. Jahrhundert. Mitte des 14. Jahrhunderts wurde der Bau vollendet. In den Innenräumen lassen sich mehrere voneinander getrennte **Kapellen** besichtigen: Die Kurfürsten-, die Elisabeth-, die Marien- und die anderen Kapellen zeigen sich in ganz unterschiedlicher architektonischer und künstlerischer Gestaltung. Sie stammen aus verschiedenen Jahrhunderten. Weiterhin zieht das spätgotische **Triptychon am Hauptaltar** und die spätbarocke **Kanzel** mit ihren markanten Reliefs das Interesse der Kunstliebhaber auf sich. In der Nähe des Doms befindet sich auch die älteste **romanische Kirche** Breslaus.

# Breslau/Wrocław

Der Dom

Kurfürstenkapelle am Dom

Sie stammt aus der ersten Hälfte des 13. Jahrhunderts. Die jetzt in dieser Kirche gezeigte **Sammlung der Erzdiözese** enthält viele gotische Sakralgegenstände. Eine ganze Sammlung gotischer Flügelaltäre aus schlesischen Kirchen wurde hier zusammengetragen. Das **Schloß** Breslaus im südwestlichen Teil des alten Stadtkerns geht auf Friedrich den Großen zurück. Es wurde 1868 grundlegend umgestaltet und 1945 teilweise wiederhergestellt. Heute birgt das Gebäude archäologische und volkskundliche Sammlungen.

Auf der anderen Seite des Stadtviertels, im Nordosten, bietet das **Nationalmuseum** einen umfassenden Überblick über schlesische Kunst. Die Sammlung gotischer Holzskulpturen gilt als besonders wertvoll. Grabskulpturen aus Schlesien, darunter der Grabstein Heinrichs IV., zeugen von dem hohen kunsthandwerklichen Niveau. Archäologische Funde ergänzen das Bild der schlesischen Geschichte. Auch neuere Kunst der Malerei, der Bildhauerei und vor allem des Kunsthandwerks kann man hier sehen. Künstlerische Glasgestaltung und Kera-

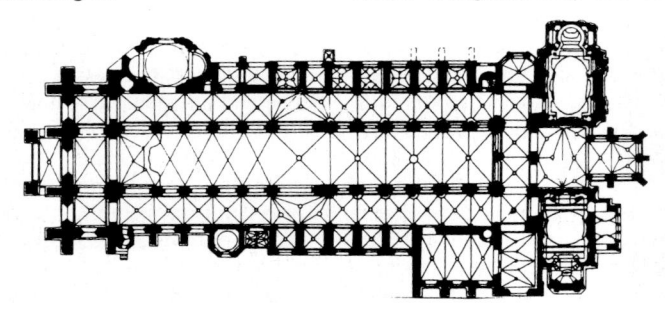

Domgrundriß

## Breslau/Wrocław

miken sind noch heute bevorzugte Ausdrucksformen schlesischer Künstler.

In der Oder hat sich schon vor vielen Jahrhunderten eine kleine Insel gebildet, die ➪**Sandinsel/ Wyspa Piaskowa**. Die darauf errichtete Kirche nannte man daher sinnigerweise auch Sandkirche. Ihr richtiger Name: **St. Maria auf dem Sande**. Es handelt sich um einen typisch gotischen Hallenbau, der nach den Kriegszerstörungen wiederaufgebaut wurde. In den Innenräumen fallen mehrere **spätgotische Altäre** auf. Am Eingang ist das originale Taufbecken wieder aufgestellt worden.

Neben vielen weiteren historischen Gebäuden im alten Stadtviertel, sollte man auch das ehemalige **Benediktiner-Kloster** besuchen. Die Klostergebäude und die dazugehörende Benediktiner-Kirche entstanden im 15. und 16. Jahrhundert. Heute ist in diesem Gebäudekomplex das **Museum für Wiederaufbau und Architektur** untergebracht. Es dokumentiert das polnische Bemühen, das zerstörte Niederschlesien in einer historisch wahrheitsgemäßen Form wieder aufzubauen und für kommende Generationen zu bewahren. Die ständige Ausstellung zur Architektur des frühen Mittelalters begeistert Fachbesucher wie architektonische Laien gleichermaßen. Sie genießt wegen ihres Umfanges internationale Anerkennung.

Wenige Schritte vom Architekturmuseum entfernt, trifft man auf einen wenig dekorativen Rundbau aus jüngerer Zeit. Dennoch ist der **Pavillon** aus den sechziger Jahren des 20. Jahrhunderts das Ziel zahlreicher Besucher. In ihm ist ein Schlachtenpanorama untergebracht. Solche Monumentalgemälde waren im letzten Jahrhundert eine beliebte Volksbelustigung. Das **Racławice Panorama** ist das letzte seiner Art und stammt – wie auch die National-

Blick auf die Sandinsel

# Breslau/Wrocław

bibliothek – aus Lemberg, wo es nach dem Zweiten Weltkrieg demontiert wurde. Es dauerte bis zum Jahre 1985, bis das 1894 vollendete Werk wieder in alter Pracht aufgebaut werden konnte. Es stellt Szenen aus der Schlacht des polnischen Nationalhelden Tadeusz Kosciuszko gegen das russische Zarenheer dar. Die Schlacht markiert den Höhepunkt des Volksaufstandes von 1794 gegen die Dritte Teilung Polens. Das Gemälde selbst mißt in seiner Länge 150 Meter und ist 15 Meter hoch.

Wenn dem Besucher eher der Sinn nach einem Aufenthalt im Freien steht, so bietet sich ein Besuch des **Botanischen Gartens** oder des **Zoos,** des größten in Polen, an. Beide Ziele sind vom Stadtkern zu Fuß oder mit dem Autobus bequem zu erreichen.

Von Breslau aus lassen sich mit Bahn, Bus, Auto oder Oderschiffen viele weitere, historisch interessante Städte Niederschlesiens bequem erreichen.

In dem 25 Kilometer nördlich gelegenen ▶**Trebnitz/Trzebnica** erhebt sich eine prächtige Basilika über die Dächer der kleinen Stadt: Die 1240 begonnene **Klosterkirche** wurde im romanischen Stil aus Backstein errichtet. In späteren Jahren hat man ihr Elemente des Barocks beigefügt. Die beiden Portale an der Nordseite zeigen jedoch noch den typischen spätromanischen Stil.

Schon im Jahre 1203 stiftete *Heinrich I.,* der Bärtige, den Zisterzienserinnen hier eine Abtei. Die Frau des Fürsten, *Hedwig* (Jadwiga), trat später selbst in dieses Kloster ein. Sie war eine große Förderin der Religion in Schlesien und wurde 1267 heilig gesprochen. Das Grab der zur Schutzpatronin von Schlesien erklärten *Heiligen Hedwig in Trebnitz* wurde bald darauf zu einem vielbesuchten Wallfahrtsort.

Ein beliebtes Ausflugsziel ist auch der 33 Kilometer südwestlich gelegene Erholungsort ▶**Zopten/Sobótka.** Von hier aus hat man bei schönem Wetter einen großartigen Blick bis nach Breslau, wenn man den 718 Meter hohen kegelförmigen **Zopten-/Sleza-Berg** besteigt. In vorgeschichtlichen Zeiten gab es hier eine **Kultstätte** für den Sonnengott. Heute zeugt ein Komplex von Skulpturen und steinernen Ringen von frühen Kulthandlungen und regt die Besucher zu Spekulationen an. Die genaue Funktion dieser ehemals heidnischen Stätte wird sicher immer unergründet bleiben. Im 19. Jahrhundert errichtete man auf dem Gipfel eine Kirche, und im 20. Jahrhundert wurde zusätzlich eine Fernsehsendestation neben der alten Kultstätte gebaut.

Der Ort Zopten selbst liegt am Fuße dieses Berges. Bei einem Besuch sollte man die aus dem 16. Jahrhundert stammende **St. Annakirche** besichtigen. In der Wand dieses Gotteshauses ist ein Relieffragment eingelassen, das aus vorchristlicher Zeit stammt. Daneben zieht die **St. Jakobskirche** das Interesse der Besucher auf sich. Sie scheint zunächst barock, entpuppt sich bei genauerem Hinsehen aber als ursprünglich romanisch.

# Das polnische Theater

In Polen hatte und hat das Theater – ähnlich wie in der ehemaligen Sowjetunion – eine ganz andere Funktion als in den Ländern Westeuropas: nicht nur eine ästhetische und unterhaltende, sondern eine im wesentlichen politische.
Das Theater ist – und war besonders bis 1990 – ein Sprachrohr der gesellschaftlichen Opposition. Es interessierte sich stets für die aktuellen Probleme des Landes und versuchte allen Zensurbemühungen zum Trotz, die Zuschauer für wichtige neue Gedanken zu sensibilisieren. Dazu dienten Metaphern, Anspielungen und Symbole. Das kritische Engagement des Theaters war ein Grund dafür, daß es in den Jahren des »realen Sozialismus« eine besondere Autorität in der Gesellschaft besaß. Eine spektakuläre Form des Protestes war der Boykott des staatlichen Fernsehens durch die Schauspieler während des Kriegsrechts. Heute sitzen viele Theaterleute in der Regierung oder im Parlament.
Als Mäzen des Theaters trat der Staat auf. Die Theaterschaffenden brauchten sich um die finanziellen Grundlagen ihrer Arbeit keine Gedanken zu machen. Gemessen an den gesamten Ausgaben des Staates, wurde in Polen mehr Geld für den Kulturbereich aufgewandt als in jedem anderen Land der Welt.
Der ausländische Besucher sollte sich dieser Besonderheit des polnischen Theaters bewußt sein. Man hat das Theater oft als eine vom Staat geduldete Form der Opposition bezeichnet.
Der Beginn der Theatergeschichte ist ein ähnlicher wie in Westeuropa. Das Theater bildete sich im Mittelalter – besonders im 13. Jahrhundert – aus den religiösen Kultaufführungen, die in oder vor den Kirchen in lateinischer Sprache veranstaltet wurden. Länger als in anderen Ländern, nämlich bis ins 18. Jahrhundert hinein, wurden Weihnachts- und Ostermysterien aufgeführt. Im 16. Jahrhundert erlebte das Hoftheater auch in Polen eine Blüte.
Zu Shakespeares Lebzeiten wurden seine Tragödien von englischen Schauspieltruppen vor polnischen Adeligen aufgeführt. In den Jesuitenschulen entwickelten die Brüder eine Form des didaktischen Schultheaters und brachten es zu großer Reife.
Die Anfänge des modernen Theaters sind mit dem Mäzenatentum des letzten polnischen Königs, *Stanisław August Poniatowski,* verbunden, der 1765 in Warschau *das erste öffentliche Theater* gründete. Heute ist dieses Theater das polnische Nationaltheater, das zur Zeit wegen eines Brandes geschlossen ist. Auf dieses Theater geht der Ruhm *Wojciech Bogusławskis* (1757-1829) zurück, der als »Vater des polnischen Theaters« verehrt wird. Boguslawski ist auch als Autor vieler bis heute aufgeführter Stücke bekannt geworden.
Als Polen im 19. Jahrhundert von Rußland, Österreich und Preußen annektiert wurde, übernahm das Theater vor allem nationale und patrio-

# Das polnische Theater

tische Pflichten. Das war für sein Programm und seine weitere Entwicklung bestimmend. Bis heute führen viele Theater in ihrem Namen das Adjektiv »polnisch«, wodurch sie sich in der Annexionszeit von den russischen und deutschen Bühnen absetzten.

Im vergangenen Jahrhundert hatte Polen vier wichtige Zentren des Theaterlebens: Warschau, Krakau, Lemberg und, nach 1875, Posen. Am fruchtbarsten entwickelte sich das Theater in Krakau; bis heute existieren in dieser Stadt sehr gute Theater. Hier wirkte auch einer der wichtigsten polnischen Dramatiker, der als Reformator und Theatervisionär bekannt gewordene *Stanislaw Wyspiański* (1869-1907).

Während der Zwischenkriegszeit, als Polen seine Unabhängigkeit wiedererlangte, differenzierte sich das Bild des Theaterlebens stark. Die national-patriotische Funktion war nicht mehr erforderlich. Es entstanden zahlreiche neue Bühnen, die in der Mehrzahl kommerziellen Charakter hatten. Einer der bedeutenden Männer des Theaters jener Zeit war der Dramatiker und Bildende Künstler *Stanisław Ignacy Witkiewicz* (1885-1939). Er gilt als Vorläufer des absurden Theaters und der Bühnen-Avantgarde. Bekannt wurde auch *Leon Schiller* (1887-1954), der das Theater reformierte und Werke der klassischen und romantischen Dichtung für die Bühne bearbeitete.

Die Entwicklung des Theaters nach dem Zweiten Weltkrieg gliedert sich in mehrere Perioden. Von 1945 bis 1949 kehrten die Vorkriegsstrukturen und Organisationsformen sowie die vor dem Krieg beliebten Theaterstücke zurück. Dieser Wiederanfang endete 1949 abrupt mit der Verstaatlichung der Theater.

Damit begann die neue Art der Finanzierung des Theaters aus dem Staatshaushalt. Einerseits wurde es so vom kommerziellen Charakter und dem zumeist verbundenen niedrigen künstlerischen Niveau befreit, andererseits begab es sich jetzt in die Abhängigkeit vom Staat. Die damit verbundene Bevormundung wurde in der Zeit des sozialistischen Realismus von 1949 bis 1955 besonders deutlich: Die Propaganda dominierte die Kunst, die sich ausschließlich »realistisch« ausdrücken durfte.

Eine neue Etappe des polnischen Theaters begann 1956 mit dem Scheitern des sozialistischen Realismus und dauerte bis zum Ende der achtziger Jahre. Zwei Dramatiker begründeten damals den internationalen Ruf des polnischen Theaters: *Sławomir Mrożek,* der Autor von »Tango« und »Die Emigranten«, und *Stanisław Różewicz,* der Autor von »Die Kartei«. Das polnische Theater beschäftigte sich zunehmend mit westlichen Stilen der Dramaturgie. Viele Stücke westlicher Gegenwartsautoren, wie Dürrenmatt, Ionesco und Beckett, erschienen auf polnischen Bühnen.

Eine herausragende Besonderheit des polnischen Theaters sind die Schauspieler und Regisseure, die aus dem Bereich der Bildenden Kunst stammen. Sie entwickelten eine Form des inszenatorisch-plastischen Theaters, indem sie die bildnerischen Prozesse der moder-

## Das polnische Theater

nen Malerei und Skulptur szenisch transformierten. Der weit über Polen hinaus berühmteste Vertreter dieser avantgardistischen Richtung ist *Tadeusz Kantor*. Auch und gerade wenn man der polnischen Sprache nicht mächtig ist, sollte man auf jeden Fall eines dieser Avantgarde-Theater besuchen.

Der visuelle Reichtum des polnischen Theaters kommt in üppigen Operninszenierungen zum Ausdruck, die in den großen Theatern von Warschau, Posen und Lodsch auch bei Ausländern Begeisterung hervorrufen. Ähnlich populär ist das berühmte Pantomimentheater von *Henryk Tomaszewski* in Breslau.

Internationales Ansehen genießen die zahlreichen Puppenbühnen im ganzen Lande, demgegenüber sind die Aufführungen der Musiktheater und Operetten nicht zu empfehlen. Dieses Metier steckt gegenwärtig in einer Krise und kann sowohl inszenatorisch als auch gesanglich seine Zuschauer und Zuhörer nicht befriedigen.

Das Theater in Polen hatte lange Zeit seinen künstlerischen Charakter bewahren können. Es war ihm gelungen, sich einer Entwicklung zu einem bloß unterhaltenden oder zerstreuenden Dienstleistungsunternehmen zu entziehen. Heute jedoch bevorzugen viele Theater die Komödie, weil die Finanzierung durch den Staat stark eingeschränkt wurde. Aber das polnische Theater hat das Genre der Unterhaltung viele Jahre vernachlässigt und ist deshalb auf diesem Gebiet wenig erfolgreich.

Dem polnischen Publikum stehen 71 dramatische Bühnen, zehn Opernhäuser und zehn Musiktheater zur Verfügung. An drei Hochschulen – in Warschau, Krakau und Lodsch – werden Schauspieler und Regisseure für das Theater ausgebildet. Das Festspielleben ist noch immer reichhaltig: Das Warschauer Theatertreffen zu bestimmten Themenschwerpunkten, die »Theaterkonfrontationen« der polnischen Klassik in Oppeln und das Festival der polnischen Gegenwartskünstler in Breslau sind am bekanntesten. Daneben finden in Kalisch, Thorn und Kattowitz regionale Theaterfestspiele statt.

Das aktuelle künstlerische Niveau des polnischen Theaters ist sehr unterschiedlich. Warschau, Krakau und Posen gelten als die bedeutendsten Theaterstädte Polens. Das Experimentaltheater hat Tradition. Avantgarde-Regisseure aus aller Welt lassen sich von bekannten polnischen Experimentalbühnen inspirieren.

Normalerweise verfügt jede Stadt mit mehr als 100 000 Einwohnern über ein professionelles Theater. Oft betreiben sogar deutlich kleinere Städte eine Bühne. Bis 1990 war das Theaterleben lebhafter und dynamischer als jetzt. Seit 1990 schränkte der krisengeschüttelte Staat seine finanziellen Zuwendungen ein. Die desolate finazielle Situation beeinflußt vor allem das Niveau der Aufführungen in den kleineren Städten. Auch die gesellschaftliche Funktion des Theaters hat sich gewandelt. Es verlor seinen oppositionellen Charakter und hat den Weg zur Kommerzialisierung beschritten.

**Krakau/Kraków**

Alte Ansicht von Krakau. Aus der Schedelschen Weltchronik, Holzschnitt 1493

# Krakau/Kraków

Unter den polnischen Städten nimmt Krakau wegen seiner historischen Vergangenheit, seiner Kulturtraditionen und der unschätzbaren Kunstwerke, die hier im Laufe der Jahrhunderte gesammelt wurden, einen besonders hohen Rang ein.

Durch eine glückliche Fügung blieb die Stadt von den Verwüstungen des Zweiten Weltkrieges verschont und präsentiert sich daher heute als ein gigantisches Freilichtmuseum. Besucherströme aus aller Herren Länder kommen jährlich hierher und sind von der besonderen Atmosphäre der Stadt fasziniert.

Doch bei näherem Hinsehen bleibt dem kritischen Besucher auch das drängendste Problem des heutigen Krakau nicht verborgen. Nachdem die Stadt den Krieg überlebt hat, droht ihr jetzt die Vernichtung auf friedlichem Wege.

Die in den fünfziger Jahren errichtete Stahlhütte **Nowa Huta** am Stadtrand von Krakau galt den sozialistischen Machthabern als das wichtigste Prestigeobjekt ihrer Wirtschaftspolitik. Der Standort Krakau

**Krakau/Kraków**

wurde von ihnen auch deshalb gewählt, weil sie der Stadt durch die 30 000 neu anzusiedelnden Stahlarbeiter einen proletarischen Gegenpol zu den traditionell bürgerlich ausgerichteten Intellektuellen geben wollten.
Tatsächlich entwickelte sich Nowa Huta zu einem der größten Hüttenbetriebe der Welt – allerdings auch zu einer ebenso großen Dreckschleuder. Jahr für Jahr zersetzen die schwefelhaltigen Abgase Nowa Hutas viele der steinernen Skulpturen an den historischen Gebäuden Krakaus unwiederbringlich.
Rat- und hilflos müssen die Denkmalschützer diesem Zerstörungswerk gegenüberstehen, so lange nicht drastische Maßnahmen zur Verminderung des Schadstoffausstoßes eingeleitet sind. Viele Kunstwerke sind heute schon vernichtet.
Jahrhundertelang war Krakau Regierungssitz. Von der Höhe des **Wawelberges** aus herrschten unterschiedliche Männer über ihr Reich. Zum letzten Mal zog während des Zweiten Weltkrieges ein Herrscher besonderer Art in das Königsschloß auf dem Wawelberg ein: Der als

# Krakau/Kraków

Wawelberg, neue Ansicht

Bürokrat des Terrors berüchtigte deutsche Generalgouverneur *Hans Frank* leitete von diesem geschichtsträchtigen Ort aus die Unterdrückung Polens.

Wann auf dem Hügel im Zentrum Krakaus tatsächlich das erste Mal Menschen eine Ansiedlung errichteten, ist nicht mehr festzustellen, aber Reste der Anlage reichen bis ins 10. Jahrhundert zurück. Im Jahr 1000 wurde mit der Gründung des Bistums Krakau der Weg der Stadt zu ihrer fast 1000 Jahre währenden Bedeutung beschritten. Frühen Quellen zufolge aber waren der Ort und seine Burg schon vorher ein wichtiges Herrschaftszentrum des südlichen Polen. Bald nach der Bistumsgründung stieg Krakau zur Hauptstadt Polens auf. Wenngleich sich Krakau diese hervorragende Rolle zeitweise mit dem großpolnischen Posen teilen mußte, behielt die Stadt doch ihre Bedeutung über viele Jahrhunderte bei. Erst Anfang des 17. Jahrhunderts verlegte König *Sigismund III.* aus dem Geschlecht der Wasa den Regierungssitz stückweise nach Warschau. Die Krakauer haben ihm diesen Akt bis heute nicht verziehen.

Eines der prägenden Daten der Krakauer Geschichte ist das Jahr 1364. Damals wurde hier die berühmte **Universität** gegründet, sie war die erste des Landes, die zweite der Welt und aus ihr gingen ganze Generationen von großen Wissenschaftlern hervor. Die Gründung der Universität beruhte auf der damaligen wirtschaftlichen und politischen Blüte, der sich die Stadt zu jener Zeit erfreute, und die sie den besonderen Bemühungen König *Kasimir des Großen* verdankte.

# Krakau/Kraków

In späteren Jahrhunderten fiel Krakau im Zuge der polnischen Teilung mehrfach an Österreich und war zeitweise auch eine eigene »Krakauer Republik«.
Die Bindungen Krakaus an die österreichisch-ungarische Doppelmonarchie erwiesen sich für das kulturelle Leben der Stadt als durchaus vorteilhaft. Der Gedankenaustausch zwischen den Krakauer und den Wiener Intellektuellen war für beide Seiten fruchtbar.
Das kulturelle Leben der heutigen Metropole Krakau orientiert sich weniger an der Vergangenheit als vielmehr an den gegenwärtigen oder sogar zukünftigen Problemen Polens und der Welt. Krakauer Künstler gelten zurecht als Avantgarde ihres Standes. Sicher trägt zu der zukunftsorientierten Einstellung der Stadt auch die alte Universität bei, zu der sich mittlerweile fast ein Dutzend neuerer Fachhochschulen gesellen. Bei jungen Polen ist Krakau der begehrteste Studienort.
Das Wahrzeichen Krakaus, der **Wawelberg**, gilt vielen Mystikern heute noch als ein besonderer Ort. Sie behaupten, er stehe in direkter kosmischer Verbindung mit den Pyramiden Ägyptens und den rätselhaften Steinmonumenten von Stonehenge in England. Bestimmte Kraftströme seien schon damals von diesen Orten ausgegangen und hätten die Seelen der Menschen in ihren Bann gezogen. Nur mit dieser übernatürlichen Wirkung konnten sich die Mystiker die großartigen Leistungen der frühgeschichtlichen Erbauer erklären. Wenn sich diese Kräfte tatsächlich spüren lassen, so wird es sich für einen rationaleren Betrachter vielleicht um die gelöste Atmosphäre handeln, die diese Stadt ausstrahlt. Schließlich ist Krakau ein von Kunst, Kultur und Geschichtsbewußtsein tief durchdrungener Ort.
Bei einem Besuch der historischen Sehenswürdigkeiten der Stadt wird man immer wieder auf den **Hauptmarkt/Rynek Główny** stoßen.
Hier besteht auch die Möglichkeit, sich für Erkundungstouren in der Altstadt mit Proviant und Filmen auszustatten. Dies läßt sich in dem wohl schönsten, auf jeden Fall aber geschichtsträchtigsten Einkaufszentrum der Welt erledigen: Die **Tuchhallen/Sukiennice** stammen aus dem 14. Jahrhundert, wurden in der Renaissance prächtig umgestaltet und dienen noch heute dem Handel. Im Obergeschoß der Tuchhallen ist das Museum für polnische Malerei untergebracht.

Tuchhallen, Arkadengang

# Krakau/Kraków

Nordturm der Marienkirche

Die **Marienkirche** ist nicht zu übersehen. Charakteristisch für diese dreischiffige Basilika sind die beiden unterschiedlich gestalteten Türme. Sie erheben sich mächtig über den großen Marktpatz. Die Kirche wurde schon Anfang des 12. Jahrhunderts erbaut, aber mehrmals umgestaltet und ergänzt. Die Innenausstattung ist besonders wegen des von dem Nürnberger *Veit Stoß* in den Jahren 1477 bis 1489 geschaffenen Altars berühmt. Dieser spätgotische **Flügelaltar** wird noch heute täglich mit einer kleinen Zeremonie geöffnet. Das Triptychon ist dreizehn Meter hoch und elf Meter breit, und es versetzt die Gläubigen bereits durch seine Größe in Ehrfurcht. Neben der Wirkung dieses berühmten Werkes, das einst von den Nazis auseinandergenommen und fortgeschleppt worden war, verblassen die übrigen Kunstwerke der Marienkirche. Dennoch verdienen auch die relativ jungen **Wandmalereien** vom Ende des 19. Jahrhunderts, die schon aus dem 14. Jahrhundert stammenden **Glasfenster** des Presbyteriums sowie das gleichfalls von Veit Stoß geschaffene steinerne **Kruzifix** Beachtung.

Zu jeder vollen Stunde ertönt über dem Marktplatz eine Trompetenfanfare, die unvermittelt abbricht. Der Trompeter erscheint auf dem höheren Turm der Marienkirche. Er spielt das mittelalterliche Signal nicht zu Ende, denn der Legende nach wurde seinem Vorgänger bei einem Tartarenüberfall die Kehle von einem feindlichen Pfeil durchbohrt, als er gerade seiner Pflicht nachkam. Der weiträumige und repräsentative Platz des großen Marktes dient bei vielen Veranstaltungen und Festlichkeiten als Rahmen. Jedes Jahr findet auf diesem Markt ein Wettbewerb um die schönste Weihnachtskrippe statt. Es besteht der Brauch, die charakteristischen »*Krakauer Krippen*« zu bauen. Sie knüpfen an die Architektur, die Altertümer und Denkmäler von Krakau an. Maurer haben sich früher mit ihrem Bau befaßt, heute werden sie von Liebhabern angefertigt. Der Bau eines solchen Kunstwerkes verlangt reichlich Talent und nimmt viel Zeit in Anspruch. Die gelungensten Krippen werden im Historischen Museum ausgestellt. An der westlichen Ecke des weit-

# Krakau/Kraków

räumigen Marktplatzes erhebt sich der gotische **Rathausturm** mit einem barocken Helm. Zusammen mit dem Keller, in dem die Folterkammer und der Stadtkerker untergebracht waren, ist er ein Überbleibsel des alten Rathauses aus dem 14. Jahrhundert; dieses brannte ab und wurde nicht wieder aufgebaut.

Bevor man sich vom Marktplatz aus auf den Weg zum legendenumwobenen Wawelberg macht, sollte man nicht versäumen, auf der anderen Seite des Marktplatzes in der kleinen **St. Adalbertkirche/Kościół św. Wojciecha** im Kellergeschoß die archäologische Ausstellung über die tausendjährige Geschichte des Marktplatzes zu besuchen.

Die **Bürgerhäuser**, von denen der Marktplatz gesäumt ist, erfuhren im Laufe der Zeit architektonische Veränderungen. Ihr Ursprung geht teilweise – auch wenn man es ihnen nicht mehr ansieht – bis ins 14. Jahrhundert zurück. An einem Eckhaus, dem **ehemaligen Wirtshaus »Pod Jeleniem«**, erinnert eine Gedenktafel an einen berühmten Zecher: Der deutsche Dichterfürst *Johann Wolfgang von Goethe* verbrachte im Jahre 1790 hier viele Abende.

Der Altstadtbereich Krakaus wird noch durch einige andere historische Kirchen geziert. Die frühgotische **Franziskanerkirche**, die sich auf dem Weg vom Marktplatz zum Wawelhügel befindet, stammt – wie das dazugehörende Kloster – aus der Mitte des 13. Jahrhunderts. Die prächtigen Glasfenster wurden aber erst um die Jahrhundertwende eingefügt.

Ebenfalls in der Mitte des 13. Jahrhunderts gründete der »Konkurrenzorden« der Dominikaner ganz in der Nähe sein Kloster und seine Kirche. Außerdem bietet sich die frühbarocke **Peter- und Paulkirche/Kościół św. Piotra Pawła** als Besichtigungsmöglichkeit auf dem Weg zum Wawel an.

St. Adalbert-Kirche

Der ➜**Wawelhügel** selbst wurde schon in frühgeschichtlicher Zeit besiedelt. Im 10. Jahrhundert stand hier eine hölzerne Burg, später eine steinerne Kirche und ein kleiner Palast. Erst im 13. Jahrhundert umgab man die Anlage auf dem Hügel mit einer Mauer.

Von diesen Gebäuden ist jedoch heute nichts mehr übrig geblieben. Der große und weitläufige Komplex, der sich hier erhebt, besteht aus unterschiedlichen Teilen, die im Laufe vieler Jahrhunderte hier erstaunlich harmonisch zusammengefügt wurden.

Eines der ältesten Bauten ist dabei der **Waweldom.** Er gilt als eine der ehrwürdigsten Kirchen Polens, denn seit 1320 fanden in ihm über mehrere Jahrhunderte lang die Krönungszeremonien für die Regenten des Landes statt.

# Krakau/Kraków

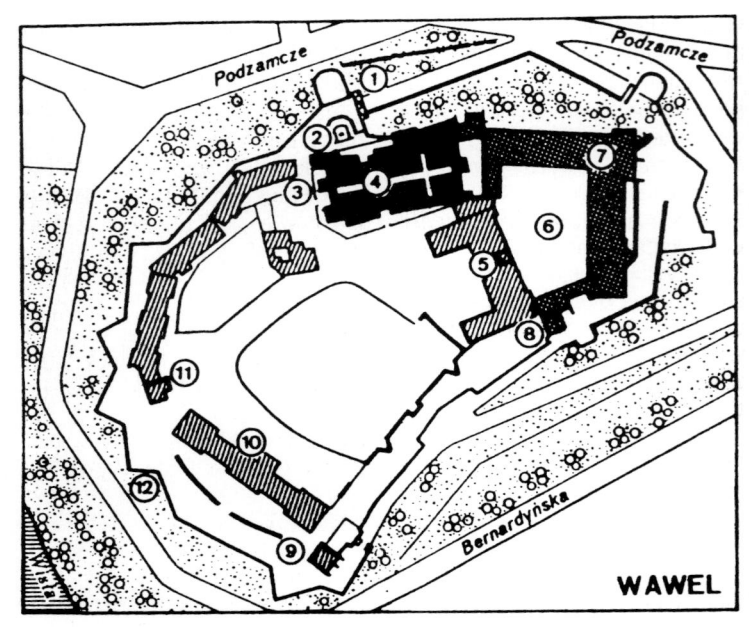

Wawel, Gesamtplan

1. Wappentor
2. Denkmal Tadeuz Kosciuszko
3. Wasator
4. Dom
5. Königliche Küche u. St. Felix und Adaukta Rotunde
6. Hof
7. Königliche Kammern
8. Senatorenbastei
9. Sandomierzbastei
10. ehem. österreichische Soldatenkaserne
11. Einbrecherbastei
12. Drachenhöhle

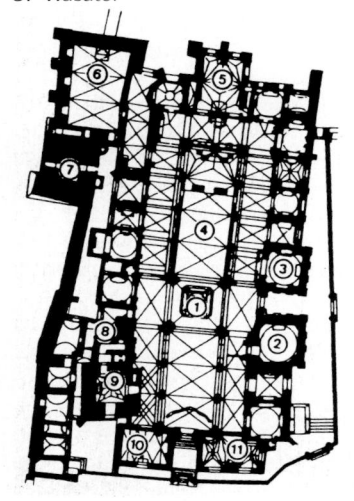

Waweldom, Grundriß

1. Hochaltar St. Stanislaus
2. Wasakapelle
3. Sigismundkapelle
4. Presbiterium
5. Marienkapelle
6. Schatzkammer
7. Sigismundturm
8. Zugang zur Gruft
9. Czartoryskikapelle
10. Hl. Dreifaltigkeitskapelle
11. Swietokrzyskakapelle

# Krakau/Kraków

In den **Krypten** des Bauwerks ruhen Könige, Kirchenfürsten und seit über 100 Jahren auch bürgerliche polnische Nationalhelden. Zahlreiche Grabkapellen sind von den verschiedenen gekrönten Häuptern und kirchlichen Würdenträgern gestiftet worden und zeigen sich im Stil ihrer jeweiligen Zeit. Gotische und Renaissance-Kapellen wechseln sich mit den jüngeren des Barocks ab. Die wertvollste von ihnen ist die **Sigismund-Kapelle**, die in prächtigem Renaissancestil Anfang des 16. Jahrhunderts als Grabmal der letzten Herrscher aus der Dynastie der Jagiellonen geschaffen wurde. Das Dach der Kapelle ist mit vergoldetem Blech bedeckt. In einer anderen Kapelle kann man das von *Veit Stoß* Ende des 15. Jahrhunderts geschaffene Grabmal des Königs Kasimir Jagiellow besichtigen. Die **Schatzkammer** im nordöstlichen Teil des Domes enthält neben Reliquien und liturgischen Geräten auch die Königsinsignien und zieht nicht nur wegen ihres unvorstellbaren materiellen Wertes Besucher in ihren Bann.

Die größte Glocke Polens, die im Jahre 1520 gegossene sogenannte **Sigismund-Glocke** mit einem Durchmesser von acht Metern, läßt sich an der Turmspitze des Domes besichtigen. Angeblich soll ihr Klang sehr wohltönend sein, doch wurde sie in den letzten Jahrhunderten nur bei historischen Ereignissen geläutet, so daß sich der Tourist von dem Wahrheitsgehalt dieser Erzählung kaum wird überzeugen können. Vom **Turm** aus hat man allerdings einen schönen Rundblick über die Anlage des Wawelberges und der ganzen Stadt.

Sigismundkapelle

Das ➧**Königsschloß** weist ebenfalls Fragmente aus weit zurückliegenden Zeiten auf. Sogar ein vorromanischer Rundbau aus dem 10. Jahrhundert und einige gotische Säle sind erhalten geblieben. Dominierend ist heute jedoch der Renaissance-Stil. Er geht auf einen großangelegten Umbau zwischen den Jahren 1507 und 1536 zurück. Aus die-

Grabmal der Jagiellonen

# Krakau/Kraków

Arkadengänge im Schloß

ser Zeit stammt auch die Ausgestaltung des arkadengefaßten Schloßhofes, der in seiner Prächtigkeit einmalig in Europa ist.
In den beeindruckenden Sälen des Königsschlosses befinden sich heute die **Staatlichen Kunstsammlungen.** Obwohl viele Kunstwerke im Laufe der Jahrhunderte verlorengingen, gehört die Sammlung des Königsschlosses auf dem Wawel zu den umfangreichsten ihrer Art auf der ganzen Welt.
Auch in dieser Sammlung kann man Gegenstände von höchstem materiellen Wert sehen: Eine Sammlung königlicher Schwerter und Goldschmiedearbeiten, die auch das Krönungsschwert aus der ersten Hälfte des 13. Jahrhunderts umfaßt. Die Rüstkammer zeigt eine Sammlung von militärischen Ausrüstungen aus den verschiedenen Epochen, von primitiven Hieb- und Stichwaffen bis zu Musketen.
Noch heute läßt sich die Vorliebe von König Sigmund für flämische Bildteppiche erkennen: Der Herrscher behängte die Wände seiner Gemächer mit fast vierhundert kostbaren Exemplaren, die Mitte des sechzehnten Jahrhunderts in seinem Auftrag angefertigt wurden.
Auch andere Herrscher hinterließen der Nachwelt Beweise ihres persönlichen Geschmacks. Die Sammlungen von Möbeln, Uhren und Keramiken sind noch heute umfangreich.
Die Kunst der Portraitmalerei stand in Polen in höchster Blüte und diente anderen Ländern als Vorbild. Die hier versammelten Portraits vermitteln einen lebendigen Eindruck sowohl von den Herrscherpersönlichkeiten als auch von diesem Kunststil.
Bei einem Besuch des Westflügels des Königsschlosses fühlt sich der Besucher in eine andere Welt versetzt. Hier sind Kostbarkeiten des Orients versammelt. Viele von ihnen erhielten polnische Herrscher als Gastgeschenke, aber auch Beutestücke aus den polnisch-türkischen Kriegen fanden hier einen repräsentativen Rahmen.
Jährlich besichtigen Millionen von Touristen den Wawelberg. Wenngleich die Kundenschlangen aus dem Straßenbild des heutigen Polens verschwunden sind, so haben sie sich doch vor den Eintrittskassen am Wawelhügel erhalten. Für den Besuch des Wawel sollte sich der Tourist mindestens einen ganzen Tag Zeit nehmen.

**Krakau/Kraków**

Der gesamte Altstadtkomplex Krakaus wird von einem Grüngürtel umgeben, der heute leider in weiten Bereichen zu einer verkehrsreichen Umgehungsstraße geworden ist. Die sich ehemals hier befindende **Stadtmauer** riß man Anfang des 19. Jahrhunderts ab. Nur der imposante nördliche Teil mit dem **Florianstor und vier Wehrtürmen** sowie Mauerresten blieb erhalten. Diese Überreste stammen aus der Zeit zwischen dem 13. und 15. Jahrhundert. Wenn man sich die alte Stadtmauer von der Stadtseite aus anschaut, fällt der charakteristische Gang für die Wache auf, der früher über die gesamte Mauerlänge verlief. Unter diesem Gang hängen heute die Krakauer Berufs- und Amateurmaler ihre Werke unter freiem Himmel zum Verkauf aus. Von der Stadtverwaltung geduldet, hat sich hier eine Bildergalerie von eigenem Reiz entwickelt.

An den Grüngürtel grenzt im We-

Florianstor

sten des Altstadtbezirks die alte **Universität**. Das »Collegium Novum« ist zwar schon mehr als hundert Jahre alt, dient aber der jetzigen Universität immer noch als Verwaltungsgebäude. Der Rektor hat hier ein repräsentatives Büro gefunden. In dem nahegelegenen **»Collegium Maius«**, dem ältesten noch erhaltenen Gebäude der Universität, ist ein **Museum** untergebracht. Der gotische Ziegelbau mit seinen schönen Kreuzgängen und dem prächtigen Innenhof birgt eine umfassende Ausstellung über die Geschichte der alten Universität und das Geistesschaffen Krakaus. Ein weiteres Museum lohnt den Besuch: In einem Palast im nördlichen Teil der Altstadt, dem **Czartoryski-Palais,** werden viele berühmte Werke der italienischen, deutschen und niederländischen Malerei gezeigt. Die Rembrandts und da Vincis haben in diesen Räumen seit über hundert Jahren ihren Platz.

Innenhof des Collegium Maius

# Krakau/Kraków

Auch der heutige Stadtteil ➧**Kazimierz** ist Grund genug, sich bei einer Besichtigung Krakaus nicht nur auf den Altstadtkern zu beschränken. Kazimierz liegt südlich des Wawelberges in einer Weichselbiegung und war ursprünglich eine selbständige Stadt.

Seit Ende des 15. Jahrhunderts siedelten sich hier Juden an. In Kazimierz entstand eine Insel der jüdischen Kultur. Die **Synagoge** dieses Stadtteils erinnert daran. Sie ist die älteste Synagoge Polens und stammt aus dem 14. Jahrhundert. Heute ist in dem Gebäude, das im Stil der Gotik und Renaissance wiederhergestellt wurde, ein **jüdisches Museum** untergebracht. Auch ein alter **jüdischer Friedhof** mit Grabsteinen aus der Zeit der Renaissance befindet sich in der Nähe und zeugt von der eigenständigen jüdischen Kultur Polens, die auf eine jahrhundertelange Geschichte zurückschauen kann. Auch diese Kulturtradition, die für ganz Europa von größter Bedeutung war, ist durch den Holocaust für immer zerstört.

In dem alten Rathaus von Kazimierz, das aus dem 15. Jahrhundert stammt, ist ein **ethnographisches Museum** sehenswert. Auch die nahegelegene **Katharinenkirche/Kościół św. Katarzyny** fällt ins Auge. Sie wurde 1426 errichtet und ist eines der gewaltigsten Gotteshäuser Krakaus.

Neben der Kirche kann man das alte **Augustinerkloster** besichtigen. Es wurde im 16. Jahrhundert von Kasimir dem Großen, dem die Stadt ihren Namen verdankt, gegründet. Die Wandmalereien aus dem 15. und 16. Jahrhundert sind gut erhalten geblieben. Die **Fronleichnamskirche/Kościół Bożego Ciała** ist mit dem Gründungsjahr 1340 die älteste Kirche dieses Stadtteils. Chorgestühl und Kanzel sind barock, die Mosaikfenster hingegen präsentieren sich wie die gesamte Kirchenanlage im Stil der Gotik.

Die **Paulinenkirche** am Weichselufer bildet mit dem »**Kloster auf dem Felsen**« einen barocken Gebäudekomplex. In der Krypta wurden bis in die jüngste Vergangenheit berühmte Vertreter des polnischen Geisteslebens beigesetzt.

Viele Krakau-Besucher treffen sich in der knapp 20 Kilometer südöstlich gelegenen Kleinstadt **Wieliczka** wieder. Hier lädt das bekannteste polnische Bergwerk, das ➧**Salzbergwerk Wieliczka,** zu einer Besichtigung ein. Seit über 250 Jahren ist es eine Touristenattraktion, die von Persönlichkeiten vieler Nationen besucht wurde. Auch Goethe zeigte sich beeindruckt. Für die jährlich über 300 000 Gäste, die heute hierher kommen, wurden günstige Bahnverbindungen von und nach Krakau eingerichtet.

Das Bergwerk gilt Kulturhistorikern als »Weltwunder«. Der Salzabbau an diesem Ort reicht bis ins 12., möglicherweise sogar ins 10. Jahrhundert zurück, damit ist Wieliczka das älteste noch erhaltene Salzbergwerk der Erde.

Heute dienen die ausgedehnten unterirdischen Stollenanlagen vorwiegend touristischen Zwecken, dennoch wird in einem

**Krakau/Kraków**

In der Salzkapelle

Teil des Bergwerks immer noch Salz gefördert. Die auf acht Ebenen abgebauten Salzlagerstätten reichen bis in eine Tiefe von 315 Metern hinab. Die Gesamtlänge aller Kammern, Stollen und Gänge soll über 150 Kilometer betragen.

Bei der Besichtigungstour lohnt besonders der Besuch der **Salzkapellen,** die in den letzten Jahrhunderten von frommen Bergleuten unter großen Anstrengungen in das Salz geschlagen wurden. Die größte Kapelle ist der heiligen Kunigunde gewidmet und verfügt über einen kunstvoll aus dem Salz gehauenen Altar. Hier befindet sich auch das **Salzbergwerks-Museum.** Es zeigt die Geschichte des Bergwerks, die Techniken der Salzgewinnung und auch die Entwicklung der über dem Bergwerk liegenden Stadt. Wieliczka erhielt bereits 1290 das Stadtrecht.

In 125 Meter Tiefe finden in der großen »Warschau«-Halle Festveranstaltungen und Tennisturniere statt.

Die noch etwas tiefer gelegene Staszic-Halle diente während der Nazi-Besatzung den Deutschen als unterirdische Fabrik für Flugzeugteile.

Erst vor dreißig Jahren begann man das besondere Mikroklima des Bergwerkes für medizinische Zwecke zu nutzen und richtete dort eine Abteilung des Asthma-Sanatoriums ein. Nach dem Rundgang, der den Besucher auch an zwei unterirdische Seen führt, bietet sich die Möglichkeit, unter Tage ein Café zu besuchen.

Die polnischen Juden

Die Krakauer Synagoge – der »Tempel«

## Die polnischen Juden

Polen war für viele Juden aus ganz Europa über Jahrhunderte hinweg eine Zufluchtsstätte vor religiöser und politischer Verfolgung und wirtschaftlicher Benachteiligung. Der liberal gesinnte Adel und eine nur wenig antisemitisch eingestellte Bevölkerung verhalfen der jüdischen Gemeinde zu einer beeindruckenden wirtschaftlichen und kulturellen Blüte. Bis 1939 wuchs ihre Zahl im Vielvölkerstaat Polen auf rund 3,5 Millionen. Doch die deutsche Besatzung von 1939 bis 1945 beendete das jüdische Leben in Polen abrupt. Lediglich 250 000 polnische Juden überlebten den Holocaust, viele nur durch Flucht ins Ausland.
Neu aufflammende Pogrome vor allem in ländlichen Regionen und die rigide Minderheitenpolitik der kommunistischen Machthaber in Polen trieben nach 1945 abermals Tausende heimgekehrter Naziopfer in die Emigration nach Israel und die USA. Heute leben in Polen nur noch knapp 5000 Menschen jüdischen Glaubens. Sie werden in einem Land des wirtschaftlichen Umbruchs erneut mit einem aufkeimenden Antisemitismus vor allem in der unteren Mittelschicht konfrontiert.

## Die polnischen Juden

Die ersten Juden kamen wahrscheinlich schon gegen Ende des 11. Jahrhunderts nach Polen. Dabei soll es sich um mehrere Hundert Menschen gehandelt haben, die wegen ihres Glaubens aus Prag vertrieben worden waren. Mit dem Übergang vom Mittelalter zur Neuzeit entwickelte sich Osteuropa zum bedeutendsten jüdischen Siedlungszentrum. Tausende der in West- und Mitteleuropa politisch und religiös Unterdrückten folgten ihnen in den beiden folgenden Jahrhunderten. Im toleranten Polen schützte der Adel die jüdischen Einwanderer durch zahlreiche Gesetze. So war zum Beispiel der Verkauf antisemitischer Hetzschriften verboten. Auf Judenmord stand die Todesstrafe. Städte, die antijüdische Pogrome nicht schnell genug beendeten, wurden mit einer Geldbuße belegt. Selbst die katholische Kirche verurteilte gewalttätige Übergriffe auf Juden. Christen durften sich mit ihnen aber nicht einlassen. Zudem sollten die »Auserwählten« nur in von der übrigen Bevölkerung weitgehend isolierten Gemeinden leben.
Im Jahre 1581 wurde mit dem jüdischen »Vier-Ländertag« eine für das damalige Europa einzigartige politische Institution gegründet. Dieser war für die vier großen Territorien des damaligen Polen zuständig: Kleinpolen, Großpolen, Litauen und Rußland. Seine Funktionen beschränkten sich hauptsächlich auf die Regelung interner jüdischer Angelegenheiten. Darüber hinaus pflegte das Gremium gute Beziehungen zu den polnischen Behörden. Im Jahre 1764 wurde der »Vier-Ländertag« allerdings aus Geldmangel vom polnischen Parlament, dem »Sejm«, aufgelöst. Auf die Existenz der zahlreichen jüdischen Gemeinden hatte dies seinerzeit keine Auswirkungen.
Und so gab es in fast jeder polnischen Stadt das sogenannte »Stetl«, jenes typisch jüdische Viertel in dem ein familiäres Zusammengehörigkeitsgefühl herrschte. Das dichte soziale Netz und die in den Menschen tiefverwurzelte Religiosität gilt als Grundstein eines reichen jüdischen Beitrages zur Kultur und Wissenschaft in Polen: Jüdische Ärzte, Mathematiker und Astronomen zählten oft genug zu den hervorragendsten in den Fakultäten. Auf dem Lande faszinierte den Wanderer oft genug die kunstvoll mit Schnitzereien verzierten Holzsynagogen am Wegesrand. Rassisten und religiösen Eiferern war die ihnen fremde Welt später allerdings oft genug ein Dorn im Auge.
Jüdische Goldschmiede standen überall im Lande wegen ihrer filigranen Kunstwerke hoch im Kurs. Als Kaufleute, Bankiers, Ärzte und Handwerker sagte man den Juden großen Fleiß nach. In diesen von ihnen üblicherweise ausgeübten Berufen sammelten sie zum Teil ein beträchtliches Vermögen an. Schon zu Beginn der Neuzeit wurden sie Steuerpächter der polnischen Könige in Krakau. Über Jahrhunderte hinweg hatten sie zudem das Salz- und das Silbermonopol inne.
Im 14. und 15. Jahrhundert pflegten die aus dem Westen Europas abgedrängten Juden in Polen weiterhin ihr Jiddisch und brachten in dieser Sprache insbesondere zahlreiche Erbauungsschriften, volkstümliche Purim-Spiele und Fabeln hervor. Jüdische Verleger gaben auch die

## Die polnischen Juden

ersten Zeitungen in Polen heraus – zunächst in Hebräisch, später auch in polnischer Sprache. *Samuel Orgelbrandt* stellte die erste polnische Enzyklopädie zusammen. Im 19. Jahrhundert übernahmen die Juden eine führende Rolle in der nationalen polnischen Literatur. Daran hat sich bis heute nichts geändert. Schriftsteller wie *Bruno Schulz* und *Andrzej Szczypiorski* sind bis in unsere Tage hinein würdevolle Nachfolger der großen Geister des vergangenen Jahrhunderts. Der weit über die Stadtmauern von Warschau hinaus bekannte jüdische Augenarzt *Ludwig Lazarus Zamenhof* wurde noch berühmter, als er 1887 die Weltsprache Esperanto entwickelte. Damit hoffte er, die Völker der Welt zumindest sprachlich einander näherzubringen.

Als Polen im 17. Jahrhundert von Bürgerkriegen und Angriffen fremder Mächte geschwächt wurde, verschlechterte sich auch die politische und wirtschaftliche Lage der Juden zusehends. Mit dem Verlust der Unabhängigkeit Polens 1799 wurden auch sie zu Bürgern der drei Besatzungsländer Preußen, Rußland und Österreich. Im 19. Jahrhundert hoben die Besatzungsmächte viele Schutzbestimmungen auf. In zunehmendem Maße verstärkten sie ihre Repressalien und provozierten antisemitische Pogrome. Die Unterdrückungsmaßnahmen führten dazu, daß sich viele polnische Juden den nationalgesinnten Freiheitskämpfern anschlossen. Am Ende des 19. Jahrhundert übernahmen viele sozial engagierte, liberale Juden früh-sozialistische Ideen, andere widmeten sich dem Erhalt und der Wiederbelebung der polnischen Kultur.

Der Niedergang des Adels und der rasche Aufstieg des Bürgertums führte viele jüdische Kaufleute in den Ruin. Die Juden, die ehemals mit Herzögen, Fürsten und Königen rege Geschäftsbeziehungen unterhielten, sollten gegenüber der bürgerlichen Konkurrenz keine Privilegien mehr haben. Das Anwachsen des Antisemitismus in der polnischen Bevölkerung, die wirtschaftliche Misere und die rigide Besatzungspolitik trieben schon zur Wende vom 19. in das 20. Jahrhundert viele Juden in die Emigration nach Kanada und in die USA. Als Reaktion auf die zunehmende Judenfeindlichkeit wandten sich große Teile der polnischen Juden dem Zionismus zu.

Während der Zweiten Republik – von 1918 bis 1939 – verschärfte sich die Hetze gegen jüdische Mitbürger. Alle sozialen Probleme der zwanziger Jahre, wie Armut, Hunger, Arbeitslosigkeit und der wirtschaftliche Niedergang wurden den Juden angelastet. Pogrome und Boykotte folgten den verbalen Attacken. Einige Tausend suchten daraufhin erneut ihr Heil in der Emigration. Dennoch lebten 1939 noch rund 3,5 Millionen Juden in Polen.

Der deutsche Überfall 1939 und die anschließende sechsjährige Besatzungszeit vernichtete das jüdische Leben fast vollständig. Die meisten von ihnen fielen der nationalsozialistischen Barbarei zum Opfer. Einigen gelang die Flucht nach Großbritannien und Nordamerika. Unterstützt wurden die Deutschen bei der Vernichtung der Juden von Teilen

## Die polnischen Juden

In der Krakauer Synagoge

der Zivilbevölkerung. Die meisten Polen schauen aber, wie in Deutschland, weg. Nur Teile des Widerstandes und des Klerus – insbesondere die Nonnenklöster – nahmen das Risiko auf sich, den Verfolgten zu helfen. Im Untergrund arbeitete zudem ein »Rat für Judenhilfe«, der von der Londoner Exilregierung mitfinanziert wurde. Trotzdem hatten am Ende von 3,5 Millionen Juden nur 250 000 den Holocaust überlebt. Viele jüdische Heimkehrer fühlten sich in der neuen Volksrepublik Polen nicht mehr heimisch. In den ersten Jahren nach dem Zweiten

# Die polnischen Juden

Tora-Rolle

Weltkrieg emigrierten Tausende von ihnen nach Palästina und halfen dort beim Aufbau des Staates Israel.

Auch in den vier Jahrzehnten des Sozialismus trieb es viele Juden in den Nahen Osten oder nach Amerika. Zwar durften sie im Nachkriegspolen weiterhin ihre kulturelle Identität und religiöse Eigenständigkeit bewahren, doch wurden politische Krisen in den fünfziger und sechziger Jahren immer wieder von einer Welle des Antisemitismus begleitete. Auch ein Teil der sozialistischen Machthaber suchte damals Sündenböcke für politische Fehlentscheidungen. Wie so oft hatten die Juden darunter besonders zu leiden. Zudem war die polnische Nationalitätenpolitik – obwohl die Verfassung von 1952 den Minderheitenschutz garantierte – von Anfang an auf Polonisierung angelegt.

Heute leben nur noch 5000 Juden in Polen. Diese stehen gegenwärtig starken nationalistischen Tendenzen gegenüber. Besonders die rechtsradikale »Christlich Nationale Vereinigung« *(Zjednoczenie Chrzescijansko-Narodowe)*, die einen konsequent antisemitischen Kurs steuert, hat sich zum Sprachrohr dieser neuen Bewegung gemacht und errang bei den Wahlen zum polnischen Parlament 1992 einen erheblichen Stimmenzuwachs.

Die ideologische Mischung aus slawischer Blut- und Bodenromantik, Deutschenfeindlichkeit, Antisemitismus und katholischem Fundamentalismus bereitet vielen Demokraten Angst und Schrecken. Die Geschichte des deutschen Nachbarvolkes lehrt sie, daß gerade in Zeiten wirtschaftlicher Krisenstimmung und sozialer Unsicherheit der Boden für radikale Scharfmacher fruchtbar ist.

# Der Südosten

Das große Gebiet im Südosten Polens wird **Kleinpolen Małopolska** genannt. Neben der alten Königsstadt Krakau zeigen noch manche andere Städte hervorragende architekturhistorische Denkmäler.
Das Land erstreckt sich zwischen Schlesien im Westen und der ukrainischen Grenze im Osten. Im Norden geht Kleinpolen in Zentralpolen über. Der äußerste Südosten des Landes wird von den nördlichen Ausläufern der **Karpaten/Karpaty** eingenommen. Neben den Hohen- oder Westbeskiden und den Niederen- oder Ostbeskiden erhebt sich die **Hohe Tatra/Tatry Wysokiç**. Das mächtige Gebirgsmassiv ist das Zentrum des alpinen Wintersportes in Polen. Große Teile der Karpaten wurden zu Naturschutzparks erklärt, in denen die besondere Flora und Fauna der Bergwelt vor der Ausrottung geschützt werden soll.
Der Südosten Polens konnte niemals eine Bedeutung wie Groß- oder Zentralpolen erlangen; östlich von Krakau nimmt die Besiedlung deutlich ab. Kleinpolen gilt noch heute als ein wenig entwickelter Landesteil.
Große Gebiete haben ihren urwüchsigen landschaftlichen Charakter bewahren können. Das macht Kleinpolen zwar für Touristen, die die Einsamkeit lieben, reizvoll, doch darf nicht verschwiegen werden, daß die Infrastruktur noch sehr zu wünschen übrig läßt.
In dieser Region hat sich das entsetzlichste Kapitel unserer Geschichte abgespielt:

## Auschwitz/Oświęcim

Die Stadt Auschwitz kann dem Touristen neben einer alten Burg, einem ursprünglich gotischen Bauwerk aus dem 13. Jahrhundert, das später mehrfach umgestaltet wurde, keinen interessanten Besichtigungspunkt bieten. Auf der ganzen Welt wird es sowieso niemanden geben, der bei dem Wort Auschwitz an die Industriestadt im kleinpolnischen Nordwesten denkt. Statt dessen wird Auschwitz immer ein Synonym für den grauenvollsten Völkermord der Geschichte bleiben.
Die Anlage des ehemaligen Konzentrationslagers strahlt noch heute eine Atmosphäre des Grauens aus, der sich kein Besucher entziehen kann.

In den Jahren von 1940 bis 1945 existierte bei Auschwitz das größte nationalsozialistische Massenvernichtungslager. SS-Reichsführer Heinrich Himmler gab die Anordnung, das Lager hier einzurichten, und die IG Farben wählte diesen Standort für eine neue Fabrik zur Herstellung kriegswichtiger chemischer Erzeugnisse; die Häftlinge des Konzentrationslagers sollten den riesigen Bedarf an Arbeitsplätzen decken. Die Errichtung des Lagers Auschwitz-Monowitz geht auf eine direkte Zusammenarbeit zwischen der IG Farben und Heinrich Himmler zurück.
Vier Millionen Menschen wurden in Auschwitz von Deutschen umgebracht. Die Opfer waren über-

## Auschwitz/Oświęcim

*Bahngleise in Auschwitz-Birkenau*

wiegend jüdischer Herkunft. Menschen aus Polen und mehr als zwei Dutzend anderen Nationen, darunter auch Deutsche, ließen hier ihr Leben.

Das Lager Auschwitz gliederte sich in drei Hauptlager: In das Stammlager Auschwitz I, Birkenau (Auschwitz II) und Monowitz (Auschwitz III). Am Eingang des ehemaligen Lagers Auschwitz I, das die SS im Juni 1940 einrichtete, kann man heute noch die Torinschrift »Arbeit macht frei« lesen. Auch das Krematorium befindet sich in der Nähe des Eingangs. Heute ist ein Museum auf dem Lagergelände eingerichtet. In vier erhalten gebliebenen Lagerblocks lassen sich Zeugnisse der nazistischen Verbrechen besichtigen. In einem weiteren Block befanden sich die Folterkammer und der Hinrichtungsort aus der Anfangszeit des Lagerbetriebes: die Todeswand, an der die Häftlinge erschossen wurden. Auch dieser Teil des Lagers ist zugänglich.

Das Lager Birkenau wurde erst im Oktober 1941 eingerichtet und umfaßt eine Fläche von 170 Hektar. In diesem Lager nahm der Völkermord eine »industrialisierte« Form an. Das Lager diente zudem als Laboratorium für grausame medizinische Experimente.

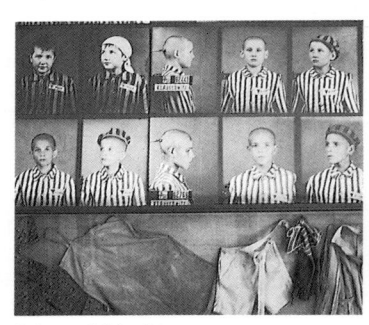

*Schautafel im Museum*

Auch in Birkenau sind ein Museum und eine Gedenkstätte eingerichtet. Lange Reihen von Baracken blieben erhalten.

Die Gleise der Eisenbahn, mit der die Opfer hierher gebracht wurden, führen bis kurz vor das Krematorium. Die Todesfabrik, bestehend aus Entkleidungsräumen, Gaskammern und dem Krematorium, wurde zwar von den abrückenden SS-Einheiten gesprengt, doch sprechen die Ruinen noch heute eine deutliche Sprache.

Ein großes Denkmal, in dessen Sockel Asche aus dem Ofen der Vernichtungsanlage eingemauert ist, erinnert jetzt an das Verbrechen.

*Krematoriumsöfen in Auschwitz*

## Bielitz/Bielsko-Biała und die Westbeskiden/ Beskid Zachodni

Bielitz ist die größte Stadt des Karpatengebietes. Mit fast 200 000 Einwohnern stellt sie ein Industriezentrum dar. Neben der traditionellen Textilindustrie wurden hier auch chemische Werke angesiedelt. Außerdem gehen von hier aus jährlich fast eine halbe Million der beliebten »Fiat«-Kleinwagen nach ganz Europa. Bielitz kann als Ausgangspunkt für ausgedehnte Wanderungen in die nahegelegenen Mittelgebirge der schlesischen Sudeten betrachtet werden.

Das **Heimatmuseum** in der Stadtmitte ist in einem Schloß untergebracht. Das **Schloß** der Familie Sulkowski wurde erst im 19. Jahrhundert errichtet. In der Nähe führt eine Gasse zum **Marktplatz,** die zu beiden Seiten von kleinen Laubenhäusern gesäumt ist. Dieser architektonische Komplex wurde im 17. und 18. Jahrhundert angelegt.

Als Ziel für eine Wanderung bietet sich das in einem Talkessel gelegene Städtchen ◆Saybusch/Zywiec an. Hier läßt sich ein **Schloß** der Habsburger besichtigen. Der Renaissance-Palast (16. Jahrhundert) ist von einem weitläufigen Park umgeben.

In Polen ist der Ort jedoch nicht wegen des Schlosses, sondern wegen seiner **Bierbrauerei** berühmt. Das Bier aus der von Böhmen gegründeten Brauerei hat weit über Polen hinaus einen legendären Ruf: In New Yorker Edelrestaurants steht es neben französischem Champagner auf der Getränkekarte.

In der Nähe der Stadt hat man den Sola-Fluß zu mehreren Seen aufgestaut. Der nördlich der Stadt gelegene **Stausee** ist mit Abstand der größte davon und stellt ein beliebtes Ausflugsziel für Wassersportler dar. Im Osten von Saybusch ragt die höchste Erhebung der Westbeskiden, der **Babia Góra** mit seinen 1725 Metern auf. Mittelalterlichen Sagen zufolge ist dies der Ort des Hexensabbats.

Im Winter werden Bielitz und Saybusch meist als Ausgangspunkte für die Wintersportanlagen genommen, die sich um den Nachbarort Szczyrk gruppieren. Von hier aus führt auch die Fußwanderung über den Berg **Barania Góra** mit seinen 1220 Metern Höhe zu den beiden Weichselquellen.

## Neusandez/Nowy Sącz und Beskiden/Beskidy

Zwischen den Höhenzügen der Hohen Beskiden und der niederen Beskiden liegt die Stadt **Neusandez/Nowy Sacz**. Mit über 70 000 Einwohnern stellt sie in dem dünn besiedelten Gebiet eine Metropole dar. Die **Beskiden** sind der mit Abstand unberührteste Teil Polens. Nach der Statistik leben nicht einmal 15 Menschen auf einem Quadratkilometer. Der Grund für diese geringe Bevölkerungsdichte liegt weniger an der Abgeschiedenheit dieser Berglandschaft, als an dem, was ein Kapitel der polnischen Nachkriegsgeschichte aus-

# Neusandez/Nowy Sącz

macht: Nach Ende des Zweiten Weltkrieges führten hier ukrainische Guerillakämpfer – sie selbst nannten sich »Patrioten«, die Polen sprachen von »Räuberbanden« – einen Privatkrieg gegen die Armee des neu entstandenen polnischen Staates. Sie waren ebenso gegen die Eingliederung dieser Region in den polnischen Staat wie auch gegen eine Machtübernahme der Roten Armee. Es entstand ein rechtsfreier Raum, aus dem die unbeteiligten Bergbauern vor dem Terror flohen.

Noch heute zeugen viele verlassene und verfallene Höfe von jener Zeit. Die Neuansiedlungsversuche in späteren Jahren hatten nur geringen Erfolg.

In ◆**Neusandez** konzentrieren sich touristische und folkloristische Aktivitäten. Das **Heimatmuseum** gibt einen Einblick in die Geschichte dieser abgeschiedenen Welt.

Der ◆**Pieninen-Nationalpark,** der das Kalksteinmassiv Pieniny umfaßt, ist mit nur 2700 Hektar der kleinste polnische Nationalpark, aber er konzentriert eine Fülle an Naturschönheiten und einen enormen Artenreichtum der Pflanzenwelt in sich. Von Neusandez aus läßt sich dieses Naturparadies in kurzer Zeit auf einer gut ausgebauten Straße erreichen.

Eine beliebte Touristenattraktion ist die dreistündige **Floßfahrt** auf der **Dunajec.** Der Fluß durchschneidet den Pienini-Gebirgsstock in der Nähe der tschechischen Grenze auf einer Länge von fast 15 Kilometern. Die Felswände erheben sich 300 Meter hoch über den Fluß. Diese Schlucht läßt sich hier nur mit dem Floß durchfahren. Bei den angebotenen Floßfahrten kann man sich jedoch ohne Gefahr auf dieses Abenteuer einlassen. Die Fahrten beginnen in **Sromowce Wyżne** und führen flußabwärts

Goralenhirte

# Die Goralen

nach **Szczawnica**. Die Flöße werden von den einheimischen Goralen gesteuert.

Die *Goralen,* auf polnisch Górale, sind aber nicht nur geschickte Flößer, sondern auch und vor allem als Schafzüchter berühmt. Diese bekannteste polnische Volksgruppe hat in der Unzugänglichkeit der Berge ihre Kultur lange erhalten können. Die typische Holzarchitektur, die der Tourist in vielen kleineren Bergdörfern noch bewundern kann, geht auf die Goralen zurück. Sie pflegen ihre eigene Musik, ihre Trachten und ihre Volkskünste mit großem Selbstbewußtsein. Sogar ihre eigene Sprache wird lebendig gehalten.

Die Goralen stellen seit Urzeiten zwei berühmte Käsesorten her: den Brynza, ein quarkähnlicher Frischkäse, und den Oscypek, ein geräucherter Hartkäse. Beide Spezialitäten werden aus Schafsmilch zubereitet. Die Goralen fahren mit ihren Produkten bis an die Ostsee, um auf Märkten und an Straßenecken die Produkte ihrer Heimat anzupreisen. Schon von weitem sind ihre bunten Stände zu erkennen. Hier türmen sich die aus Schaffellen gefertigten Schuhe neben den Körben mit verführerisch duftenden Oscypki. Charakteristisch für die Käselaibe sind die ovale Form und der reiche Ornamentschmuck, der dadurch entsteht, daß die frischgeformten Laibe in feingeschnitzte Holzmodel gedrückt werden. Die Laibe erhält man in zwei unterschiedlichen Größen: zum einen als Laib von etwa zwei Pfund Gewicht, zum anderen als pflaumen-

Talkessel bei Neusandez

große »Laibchen«, die als Snack zu Bier und Wein gereicht werden können.

Im äußersten Südostzipfel der Beskiden – im Dreiländereck zwischen Polen, der Tschechoslowakai und Weißrußland wurde ein Naturpark eingerichtet. Die beste Ausgangsbasis zur Erkundung des Naturparkes ist das Örtchen ➔**Solina,** an dem gleichnamigen Stausee gelegen, der hier durch das Aufstauen des Flusses Sahn entstand.

Die Beskiden sind das bevorzugte Revier zivilisationsmüder Naturliebhaber, die hier tagelang umherziehen können, ohne auf einen anderen Menschen zu stoßen. Eine sorgfältige Planung der Tour sowie eine vollständige Ausrüstung sind unerläßlich. Die wenigen Bewohner der Gegend gelten als die gastfreundlichsten Polens und nehmen Wanderer gern auf. Ein charakteristisches Element der Ost-Beskiden/Bieszczady sind die weiträumigen Bergwiesen in über 1000 Meter Höhe. Auch die beiden höchsten Berge der Beskiden sind nicht viel höher, und es bedarf keiner alpinistischen Erfahrung, um sie zu bezwingen. 1346 Meter hoch erhebt sich der **Tarnica,** der **Halicz** mißt 1335 Meter.

# Rzeszów · Łańcut

Die Bemühung, die Beskiden für den Wintersport zu erschließen, sind in den vergangenen Jahren zum Erliegen gekommen. Dieses ist jedoch eher auf die wirtschaftlich desolate Lage, als auf Einsicht in ökologische Notwendigkeiten zurückzuführen. Der Naturfreund darf sich freuen. Ihm bleibt eine einzigartige Landschaft vorerst erhalten.

## Rzeszów mit Łańcut

Das Zentrum des südostpolnischen Dreiländerecks ist Rzeszow. In den vergangenen Jahrzehnten hat sich die Stadt stark ausgedehnt und wurde um Industrieansiedlungen ergänzt. Die historischen Erinnerungen gingen dabei fast unter. Somit ist ▶**Rzeszow** bei architekturhistorisch interessierten Touristen im wesentlichen als Ausgangspunkt für die Besichtigung des berühmten Schlosses im benachbarten Łancut bekannt. Inzwischen jedoch haben die Stadtväter den Wert ihrer Baudenkmäler erkannt und bemühen sich nach Kräften um ihre Wiederherstellung, so daß der schlechte Ruf der Stadt heute zu Unrecht besteht.

Das interessanteste Gebäude der Stadt ist sicher das **Bernhardinerkloster** mit der Kirche aus den Jahren 1624 bis 1629. Erhalten geblieben ist ein **Grabmal** mit herrlichem Alabasterrelief. Die Aristokratenfamilie Ligeza, die im 17. Jahrhundert die Stadt als ihr Eigentum betrachtete, ließ sich hier eine repräsentative Ruhestätte schaffen. In der Nachbarschaft befindet sich die gotische **Pfarrkirche** (15. Jahrhundert), die aber im 18. Jahrhundert im Stil des Barocks gründlich umgestaltet wurde.

Das **Rathaus** am Marktplatz soll auf das 16. Jahrhundert zurückgehen; es präsentiert heute aber ein wenig überzeugendes Stilgemisch, das aus den Umbauten des 18. und 19. Jahrhunderts herrührt. Am südlichen Rand des alten Stadtzentrums wird das barocke **Schlößchen** der Fürsten Lubumirski aus dem 18. Jahrhundert von Festungsbasteien und Wällen umgeben.

Von dem starken jüdischen Anteil der Bevölkerung zeugen heute die beiden nach dem Kriege wiederaufgebauten **Synagogen,** deren äußere Erscheinung jedoch wenig glanzvoll ist.

In der kleinen Nachbarstadt ▶**Łańcut** befindet sich eine der prächtigsten Magnatenresidenzen Polens. Das im Ostteil des Ortes gelegene frühbarocke **Schloß,** 1629 bis 1641 errichtet, verfügt über mehr als 300 Räumen, hat einen rechteckigen Grundriß mit vier Ecktürmen. Das Schloß ist mit Wehranlagen in Form eines fünfarmigen Sterns umgeben. Heute ist es zu einem **Museum für Innenarchitektur** umgestaltet.

Neben den Kunstwerken des Schlosses ist Łancut aber auch wegen seines **Kutschen-Museums** bekannt. Es zeigt über 50 Exponate aus der Zeit des 18. und 19. Jahrhunderts.

In den Dörfern der Umgebung ist die Volkskunst Galiziens lebendig geblieben. Besonders die Bildhauerei und die Töpferei werden weiterhin gepflegt.

# Tarnów

Tarnow war früher wirtschaftlicher und kultureller Mittelpunkt von Galizien, des von Österreich annektierten Gebietes. Die Stadt hatte von ihren österreichischen Besatzern den Namen Hermannstadt erhalten. Auch die Nationalsozialisten gaben ihr wieder diesen Namen.

Ein wesentlicher Teil der Kultur Tarnows und Galiziens ging von dem großen jüdischen Bevölkerungsanteil aus. Als eigenständig abgeschlossen und besonders vielfältig gilt die Kultur der galizischen Juden. Einst zeugte die prachtvolle Synagoge von Macht und Einfluß der Juden. Heute kann man am **Fischmarkt/Plac Rybny** nur noch die Überreste davon erkennen.

Der alte Stadtkern wurde zu einer großen Fußgängerzone umgestaltet. Das Zentrum bildet auch hier der **Marktplatz,** der von zahlreichen **Renaissance-Häusern** aus dem 16. Jahrhundert umgeben ist. Auch das **Rathaus,** das sich hier befindet, zeigt Renaissance-Portale an seiner Front. Heute dient es als Stadtmuseum, in dem besonders die umfangreiche Glas- und Keramiksammlung erwähnenswert ist.

In der Nähe erhebt sich die spätgotische **Kathedrale** (15. Jahrhundert). Hier fanden die Vertreter der mächtigen Magnatenfamilie Tarnowski, der die Stadt ihren Namen verdankt, ihre letzte Ruhe. Vom 72 Meter hohen Turm des Doms hat man einen schönen Überblick über die Stadtanlage, falls er gerade für die Öffentlichkeit zugänglich gemacht ist.

Tarnów, Kathedrale

Neben der Kathedrale lohnt das **Diözesanmuseum,** das zahlreiche sakrale Kunstwerke zeigt, einen Besuch.

Am Stadtrand können sportlichere Besucher auf den **Berg des heiligen Martin/Góra Sw. Marcina** wandern. Auf seinem Gipfel erheben sich die Ruinen einer Ritterburg und verleihen dem Ort ein romantisches Flair. Auch der weite Rundblick von hier oben trägt zu der entrückten Atmosphäre bei.

In Tarnow findet alljährlich im Herbst die größte Gesundheitsmesse Osteuropas statt, auf der neben einer breiten Palette von konventionellen Gesundheitsprodukten auch biologische Waren und Erzeugnisse aus dem Bereich der Alternativmedizin präsentiert werden.

# Tschenstochau/ Częstochowa

Tschenstochau ist einer der am meisten besuchten Wallfahrtsorte der Welt. Millionen gläubiger Katholiken ziehen jährlich zum Klosterhügel **Jasna Góra** (»Leuchtender Berg«) hinauf, um in der Wallfahrtskirche eine kleine geschwärzte Ikone aus dem 14. Jahrhundert um Hilfe und Beistand anzuflehen. Das unscheinbare Bild selbst ist die meiste Zeit verdeckt und wird täglich nur um 12 Uhr zum Mittagsgottesdienst oder bei besonderen Anlässen enthüllt.

Niemals in der tausendjährigen Geschichte Polens erlangte ein Kunstwerk größere Bedeutung für die Nation. Als die Schweden in den nordischen Kriegen schon fast das ganze Land verwüstet hatten und eine Stadt nach der anderen vor ihnen kapitulieren mußte, zogen sich im Jahre 1655 einige polnische Kämpfer und gläubige Christen in das befestigte Kloster auf dem heiligen Hügel zurück. Sie flehten die Jungfrau Maria um Rettung an, und weil sie sich auf ihre Hilfe verlassen konnten, traten sie den schwedischen Angreifern, die auf einen ernsthaften Widerstand nicht vorbereitet waren, todesmutig entgegen und schlugen sie zurück. Die Schweden nahmen diese Niederlage zwar mit Gelassenheit hin, denn das Kloster Jasna Góra war für sie ohne strategische Bedeutung, doch im verzweifelten polnischen Volk breitete sich die Nachricht von der wunderbaren Rettung des Klosters und dem Sieg gegen den Feind wie ein Lauffeuer aus. Die Nachricht bewirkte einen Stimmungsumschwung, und die Polen nahmen ihren letzten Mut zusammen, um die Schweden zu vertreiben. Nachdem ihnen dieses gelungen war, hielten die frommen

Tschenstochau, Blick auf den Klosterberg

# Tschenstochau/Częstochowa

Die Schwarze Madonna

Polen den Sieg für ein Verdienst des Marienbildnisses von Jasna Góra. Der Legende nach legte König Jan Kazimierz seine Krone vor der **Schwarzen Madonna** nieder und proklamierte sie feierlich zur Königin von Polen.

Die Ikone zeigt die Mutter Gottes mit dem Jesuskind und gilt unter Kunsthistorikern als bedeutungslos. Am 31. August im Jahre 1384 übergab der Herzog *Władysław von Oppeln,* zu dessen Einflußbereich das Kloster der Pauliner von Tschenstochau gehörte, den Mönchen die Bildtafel mit der Mutter Gottes. Von ihm stammt die »Information«, daß diese Ikone, die er aus Belz mitgebracht hatte, Wunder vollbringe. Es ist seiner geschickten Propaganda zu verdanken, daß das Kloster – den Grundsätzen des Einsiedlerlebens der Pauliner zum Trotz – innerhalb weniger Jahre zu einem der geschäftigsten Wallfahrtszentren Europas avancierte. Von dem dadurch bedingten wirtschaftlichen Aufschwung des Ortes profitierte der geschäftstüchtige Sproß dieser Adelsfamilie an erster Stelle.

Im Laufe der Jahrhunderte haben sich zahlreiche Legenden um das Bild gesponnen. Wenn man einer davon glauben darf, wurde die Ikone von dem Evangelisten Lukas auf einem Tisch der Heiligen Familie in Nazareth gemalt. Später soll das Bildnis nach Konstantinopel gekommen sein, schließlich wurde es Besitztum des Fürsten von Belz in Ruthenien. Hier wurde das Bildnis gemäß der byzantinischen Tradition mit Edelsteinen und Gold üppig verziert.

Bei dem gegenwärtig verehrten Bildnis handelt es sich, wie Forscher vermuten, nur um eine Kopie des ursprünglichen Werkes.

# Tschenstochau/Częstochowa

Weihwasserausgabe in Tschenstochau

Im Jahre 1430 wurde das Original von einer Räuberbande zerstört. Nach späteren Beschreibungen haben die Ordensbrüder das zerstörte Bildnis nach Krakau, der damaligen Hauptstadt Polens gebracht, wo es auf Anordnung König Władysław Jagiełłos neu angefertigt wurde.

Eine andere Theorie – sie wird heute als die wahrscheinlichste angesehen – spricht davon, daß die in drei Teile zerschlagene Bildtafel zusammengeklebt und darauf ein neues Bild in völlig anderer Technik gemalt wurde. Entsprechend dieser Hypothese wurden die auch heute noch markanten Schrammen auf der rechten Wange der Jungfrau mit einem Stichel an den Stellen geritzt, wo das Bildnis von den Säbeln der Kirchenschänder zerschlagen wurde.

Jasna Góra war und ist sowohl ein religiöses als auch ein nationales Heiligtum. Nirgends wird die enge Verknüpfung zwischen nationaler Identität und tief verwurzelter Religiosität deutlicher als bei der Verehrung der »Schwarzen Madonna«.

Die Bedeutung des Bildnisses kam auch in der jüngeren polnischen Geschichte zum Ausdruck: Während der Besatzungszeit und der Herrschaft der Kommunisten fanden viele Polen bei der Heiligen Jungfrau Zuflucht. Immer war ein Pilgerzug nach Tschenstochau auch eine politische Demonstration.

Bei dem Wallfahrtsort handelt es sich um ein **Paulinenkloster,** dessen Gründung auf das Jahr 1382 zurückgeht.

Es wurde auf einem 350 Meter hohen Hügel westlich des alten Tschenstochau angelegt. Im 17. Jahrhundert erhielt es Befestigungsanlagen.

Heute erhebt sich umgeben von Bollwerken und Klostergebäuden aus dem 17. und 18. Jahrhundert die gotische Klosterkirche über den Berg. Das Gotteshaus wurde 1460 bis 1463 erbaut und mit einer reichen Innenausstattung versehen.

Das Bildnis der Schwarzen Madonna kann man nun in der gotischen **Marienkirche** aus dem 15. Jahrhundert sehen. Es ist über einem prächtigen, frühbarocken Altar angebracht, der aus Ebenholz und Silber hergestellt wurde. Die Klosterkirche verfügt über eine **Schatzkammer** mit wertvollen Goldschmiedearbeiten und religiösen Reliquien.

**Tschenstochau/Częstochowa**

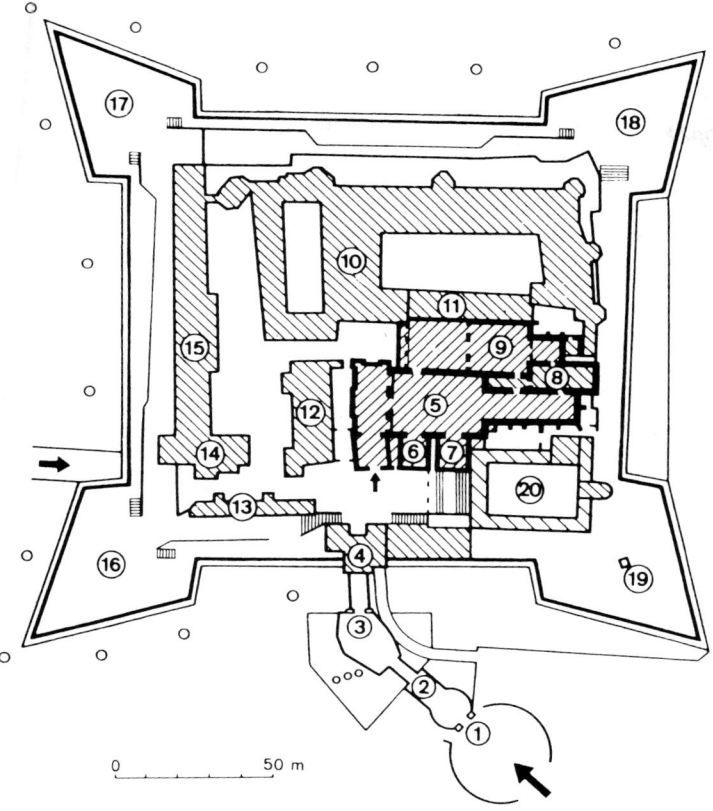

Grundriß des Klosterhügels »Jasna Gora«

1. Lubomirski Tor
2. Tor der Gottesmutter als Königin Polens
3. Tor der schmerzensreichen Gottesmutter
4. Wachturm
5. Basilika
6. Denhof Kapelle
7. Jablonowski-Kapelle
8. Sakristei und Schatzkammer
9. Kapelle der Gottesmutter von Tschenstochau
10. Kloster – Refektorium und Bibliothek
11. Kloster – Rittersaal
12. Königl. Saal
13. Musikantenhäuser
14. Arsenal
15. Druckerei/Museum
16. Lubomirski-Bastion
17. Morsztyn-Bastion
18. Szaniawski-Bastion
19. Potocki-Bastion
20. Abendmahlsaal

# Tschenstochau/Częstochowa

Tschenstochau, Marienkapelle

Der **Rittersaal** des barocken Klostergebäudes enthält eine Gemäldegalerie. Auch eine alte **Druckerei** sowie die umfangreiche **Bibliothek** machen den Besuch des Klosters nicht nur für Verehrer der Madonna lohnenswert.
Die gesamte Anlage wird von dem über 100 Meter hohen **Turm der Klosterkirche** überragt. Das Besteigen dieses Turmes ist zwar recht anstrengend, doch entschädigt der herrliche Rundblick für die Mühen des Aufstiegs. Als sich die Nazi-Truppen am Ende des Zweiten Weltkrieges aus Tschenstochau zurückziehen mußten, dachten sie sich noch eine besonders perfide Rache aus: Sie verminten das Nationalheiligtum mit insgesamt 36 Sprengsätzen, die mit einem Kontaktzünder am Klostereingang und einem chemischen Zeitzünder verbunden waren. Beim Betreten der Anlage wäre der gesamte Komplex gesprengt worden. Nach zehn Tagen hätte der Zeitzünder die Sprengung bewirkt, falls das Gebäude dann noch vorhanden gewesen wäre. Der anrückenden Roten Armee sollte die Schuld an der Zerstörung des Nationalheiligtums angelastet werden. Es gelang einem russischen Spezialisten jedoch, mit Hilfe der Mönche die Zünder zu entschärfen und alle Minen zu bergen. Die meisten Polen schrieben auch diese Rettung der »Schwarzen Madonna« zu.
Heute herrscht noch immer ein reger Pilgerbetrieb auf »Jasna Góra«. Wenngleich nicht mehr alle Gläubigen eine mehrtägige Fußreise zu dem Heiligtum antreten, sondern eine Busfahrt vorziehen, so ist doch der Raum vor dem Heiligen Bild zur Stunde der Enthüllung der Madonna nach wie vor stets überfüllt und verströmt eine für westliche Besucher fast archaisch anmutende Atmosphäre der Frömmigkeit. Von dem Geist der frühen Pauliner, die in der Zurückgezogenheit ihres Einsiedlerlebens beteten, ist nichts mehr zu spüren. Sicherlich hat keine Frau in der Geschichte der Menschheit so viele Sünden zu hören bekommen wie die Schwarze Madonna: In der benachbarten Beichthalle stehen Sünder aus ganz Europa vor den Beichtstühlen Schlange. Beichtväter nehmen hier in fast allen Weltsprachen – über den Beichtstühlen informieren Hinweistafel über die jeweiligen Sprachen – vom frühen Morgen bis zum späten Abend die Geständnisse entgegen.
Obwohl die Stadt Tschenstochau ein durchaus bedeutendes Zentrum Südpolens darstellt, ist sie ausschließlich wegen seines Klosters berühmt. Tschenstochau selbst kann dem Touristen zum Besuch nicht empfohlen werden. Sie besteht im wesentlichen aus einem großen Hüttenwerk und lieblos errichteten Arbeitersiedlungen.

# Zakopane und Hohe Tatra/Tatary Wysokie

Die Hohe Tatra stellt den alpinen Teil der nördlichen Karpatenausläufer dar, die sich in den polnischen Südosten erstrecken.
Viele der an der Grenze zwischen Polen und der Tschechoslowakai gelegenen Karpatengipfel erreichen Höhen von mehr als 2000 Metern. Die Hohe Tatra bildet das Zentrum des polnischen Alpinismus und gilt wegen ihrer Naturschönheiten als besonders reizvoll. Weite Teile der Karpaten wurden unter Naturschutz gestellt. Flora und Fauna der Bergwelt sollen hier vor der Ausrottung geschützt werden: Steinadler und Murmeltiere, Bergziegen und Mufflons – wilde Schafe mit gedrehten Hörnern – sind hier zu Hause.
Das gesamte Gebiet der Hohen Tatra ist zu einem polnisch-tschechoslowakischen Nationalpark erklärt worden. Am Fuße der Tatra – in 830 Metern Höhe – liegt ◆**Zakopane,** die lebendigste Wintersportmetropole Polens. Sie verfügt über mehrere Sprungschanzen und gut ausgebaute Skipisten und ist zu einer geschäftigen Stadt angewachsen. In vielen umliegenden kleineren Orten genießt der Urlauber aber noch die Ruhe der Bergwelt.
In Zakopane wird Folklore gepflegt, doch dient sie heute mehr der Unterhaltung der Gäste, als daß sie noch Ausdruck eines traditionellen Lebensstils wäre. Auch die typischen Holzhäuser, die das Ortsbild der Tatra-Dörfer prägten, sind in Zakopane von modernen Zweckbauten verdrängt worden. Aber mit der **Holzkirche** aus der Mitte des 19. Jahrhunderts ist der Stadt ein schönes Beispiel dieses Baustils erhalten geblieben. Oberhalb der

Blick auf die Hohe Tatra

# Tatra/Tatary

*Eine Hunde-Kutsche*

Kirche läßt sich im Heimatmuseum ein Überblick über die Entwicklung der Stadt gewinnen.

Von Zakopane aus lassen sich Bergwanderungen der verschiedensten Schwierigkeitsgrade unternehmen. In nördlicher Richtung bieten sich Wanderungen in die Wälder der Umgebung an. An den Hängen um Zakopane gibt es im Winter für Geübte und Ungeübte jeweils gut ausgebaute Skipisten. Sie sind durch Lifte erschlossen.

Der 1123 Meter hohe **Gubałowka-Berg** am Rande Zakopanes kann mit einer Seilbahn erreicht werden. Er bietet einen großartigen Rundblick auf Zakopane und die Tatra.

Ein unvergeßliches Erlebnis ist im Frühjahr ein Ausflug zum **Chochołowska-Tal,** weil sich dann das ganze Tal in ein riesiges, leuchtendes Meer wilder Krokusse verwandelt.

Wenige Kilometer hinter Zakopane liegt das Dorf ➔**Bukowina Tatrzańska** in 1000 Metern Höhe. An diesem Ort konzentriert sich das Kunsthandwerk der Hohen Tatra. Wenngleich die Volkskünstler ihre Arbeiten auf die Bedürfnisse des Tourismus abgestellt haben, so vermitteln ihre Erzeugnisse doch immer noch einen Eindruck von der eigenständigen Kultur der Bergwelt. Besonders Lederwaren, Holzschnitzereien und reich verzierte Stickereien sind bei den Touristen beliebt.

Bukowina Tatrzanska ist der Ausgangspunkt für Wanderungen zum **Polana Głodowka.** Der 1148 Meter hohe Gipfel bietet einen schönen Rundblick über die gesamte Tatra.

Im Gebiet der Hohen Tatra entstanden vor rund zwei Millionen Jahren neben den Felsmassiven auch zahlreiche **Bergseen.** Kein Besucher von Zakopane wird darauf verzichten wollen, Polens berühmtesten Bergsee, der auch in vielfältiger Weise in die Literatur eingegangen ist, einen Besuch abzustatten:

Der **Morskie Oko** ist 35 Hektar groß und liegt in einer Höhe von fast 1400 Metern. Weil dieser herrliche See von Zakopane aus günstig zu erreichen ist, wird er während der Saison von Touristenscharen umlagert. Die Ruhe der Bergwelt findet man an seinen von steilen Felswänden umragten Ufern heute nicht mehr. Es bietet sich daher an, eine Wanderung zu einem der vielen anderen, kleineren Seen zu unternehmen. Einer davon ist der 200 Meter höher gelegene **Czarny Staw.** Die Wanderung dorthin ist etwas anstrengender als ein Spaziergang zum Morskie Oko, doch sind die Wege zu den Bergseen meist gut ausgeschildert.

Die Seen sind sehr sauber, dennoch fällt es leicht, sich an das aus Naturschutzgründen beste-

Berglandschaft in der Hohen Tatra

hende Badeverbot zu halten: Die Temperatur der bis zu 80 Meter tiefen Gewässer steigt selbst im Sommer kaum auf über zehn Grad Celsius.

Der höchste Gipfel im polnischen Teil der Tatra ist mit 2499 Metern der **Rysy**. Dieser Berg direkt an der polnisch-tschechoslowakischen Grenze ist Anziehungspunkt für Alpinisten aus ganz Polen und dem Ausland. Von seinem Gipfel hat man eine herrliche Sicht über die Tatra. Für Touristen bieten sich jedoch andere Gipfel um 2000 Meter Höhe eher zum Besteigen an. Um den **Kasprowy Wierch** mit seinen 1985 Metern zu bezwingen, kann man eine Seilbahn zu Hilfe nehmen. Er teilt das Gebiet zwischen Polen und der Tschechoslowakei.

Ohne große Grenzformalitäten kann man hier die polnisch-tschechische Grenze überschreiten. Tagesausflüge zu den Sehenswürdigkeiten Böhmens sind sehr beliebt und werden von Reiseorganisationen in großer Auswahl angeboten.

## Zamośc

Die Geschichte menschlicher Urbanisation beweist an fast allen bisher bekannten Beispielen, daß eine organisch gewachsene Ansiedlung mehr Stil und Menschlichkeit ausstrahlt als eine synthetisch entstandene, auf dem Reißbrett entworfene Stadt. Das im heutigen Osten Polens gelegene Zamość ist der Stein gewordene Gegenbeweis. Die Stadt im Grenzbereich zwischen Kleinpolen und dem nördlicheren Zentralpolen wurde 1580 mitten in der Wildnis gegründet.

In der ganzen Welt ist die Stadt bei Kunst- und Architekturhistorikern berühmt. Nirgendwo sonst in Polen und nirgends außer in Italien konnte die Renaissance in einer solchen Fülle und Reinheit erhalten werden. Die Geschlossenheit der Renaissance-Architektur verdankt Zamość der Tatsache, daß es in seiner Gesamtheit von dem venezianischen Baumeister *Bernardo Morando* Ende des 16. Jahrhunderts gestaltet wurde. Der italienische Künstler

# Zamośc

hatte den Auftrag zum Entwurf der Stadt von dem polnischen Reichskanzler *Jan Zamoyski* erhalten.

Das **Rathaus** wurde Anfang des 17. Jahrhunderts fertiggestellt und beherrscht mit seinem schlanken, 50 Meter hohen Turm den zentralen Marktplatz und seine Umgebung. Das prägende architektonische Element ist die über zwei Stockwerke führende, reich verzierte Freitreppe. Selbst Fachleute zeigen sich überrascht, wenn sie erfahren, daß sie erst im Jahre 1768 nachträglich angefügt wurde.

Der Marktplatz ist von **Bürgerhäusern** mit Arkadengängen umgeben. Eines davon gehörte einem reichen jüdischen Kaufmann, dem Vater von *Rosa Luxemburg*. Die große Revolutionärin wurde hier geboren. Zwar erinnert noch eine Gedenktafel an die Mitbegründerin der polnischen sozialistischen Bewegung, doch wird die Tafel oft von den Besuchern des Jugendklubs, der sich heute in dem Gebäude befindet, mit Schmierereien versehen. Stil und Inhalt zeugen von einer ebenso antikommunistischen wie antisemitischen Gesinnung mancher junger Leute.

In einem nahegelegenen größeren Patrizierhaus hat das **Stadtmuseum** seine Ausstellung aufgebaut. Südwestlich des Marktes zeigt sich die **Kollegiatskirche** in ihrer ganzen Schönheit. Die reiche bildhauerische Dekoration läßt die unvergleichliche Leistung Bernardo Morandos erkennen.

In der Nachbarschaft der Kollegiatskirche ließ sich der Stadtgründer und Kanzler Zamoyski ein **Schloß** bauen. Es wurde in späteren Zeiten noch erweitert, ohne jedoch den Renaissance-Stil zu verändern. Einzig die Gebäude der nach Zamoyski benannten **Universität,** die heute eine Außenstelle der Lubliner Universität

Zamośc, Bürgerhäuser am Marktplatz

Zamośc, Bürgerhäuser am Markt

ist, zeigen andere Stilmerkmale als die der Renaissance: Durch einen Umbau wurde der ursprüngliche Barockbau zu einem neoklassizistischen umgewandelt.

Die **Synagoge** zeigt ebenso wie einige kleinere christliche Sakralbauten bis heute deutlich die italienische Schule der Renaissance-Architektur. Viele der zahlreichen Bauten wurden zwar nicht von Bernardo persönlich gestaltet, doch prägte sein Stil auch das Gesicht der von seinen weniger berühmten Berufskollegen errichteten Objekte.

Die ganze Stadtanlage wurde von starken Befestigungen umschlossen. Ihnen verdankt die Stadt, daß manche Belagerung und

Zamośc, Bürgerhäuser am Markt

# Zamość

mancher Angriffsversuch scheiterte. In den nordischen Kriegen gelang es den Schweden tatsächlich nicht, die Stadt einzunehmen und zu verwüsten.

Im Zweiten Weltkrieg teilte Zamość nicht das Schicksal der meisten anderen polnischen Städte. Es bereitete den deutschen Truppen zwar keine Schwierigkeiten, die Stadt einzunehmen, aber sie waren von der Schönheit dieses Renaissance-Juwels so begeistert, daß sie Zamość einem besonderen Zweck zuführen wollten. Unter dem Namen »Himmlerstadt« sollte sie, nachdem sie von den Polen »gesäubert« worden war, mit deutschen Bewohnern als »Vorposten und Bollwerk des arischen Herrenvolkes in der Slawischen Steppe« dienen. Das Vorhaben mißlang. Die Vertreibung der Polen, die mit äußerster Brutalität vorgenommen wurde, löste einen bis dahin unübertroffenen Partisanenkampf aus.

Die bauliche Substanz der Stadt geriet nur sehr wenig in Mitleidenschaft. So kann sich der Besucher auch heute noch ein lebendiges Bild von dem Geschmack einer vergangenen Epoche machen und sich über das Gemeinschaftswerk eines genialen Baumeisters und eines tatkräftigen Politikers freuen. Während Bernardo Morando in Padua seine letzte Ruhestätte fand, liegt der Stadtgründer *Jan Zamoyski* in der auf seine Veranlassung errichteten Kollegiatskirche begraben.

Bei einem Besuch Zamość werden aber auch die Probleme deutlich, der sich eine 60 000 Einwohner zählende Stadt gegenübersieht: Einerseits will sie ihr architektonisches Gesicht der vergangenen Zeit bewahren, andererseits versucht sie, den Bedürfnissen der modernen Zivilisation zu entsprechen. Eine erste Maßnahme war die weiträumige Sperrung der Altstadt für den Autoverkehr.

Zamość, Schloß

# Reisetips von A bis Z

## An- und Abreise, Reisen im Land

### Einreisebestimmungen

Eine Visumspflicht besteht seit Anfang 1991 für Bürger der Bundesrepublik Deutschland nicht mehr. Für einen Aufenthalt bis zu drei Monaten ist lediglich ein Reisepaß mit mindestens noch 6 Monaten Gültigkeit erforderlich. Visumsfreiheit besteht auch für alle Bürger ehemaliger Ostblockstaaten, der skandinavischen Länder sowie Österreichs und der Schweiz.

Hunde und Katzen können auf die Reise mitgenommen werden, wenn beim Zoll eine Bescheinigung des Tierarztes über die Gesundheit des Tieres vorgelegt wird.

### Mit dem Auto

● **Grenzübergänge**

Die Anreise ist über alle deutsch-polnischen Grenzübergänge problemlos möglich: Linken – Lubieszyn, der nördlich von Stettin gelegene kleinste Übergang; Pomellen – Kolbaskowo bei Stettin; Schwedt – Krajnik; Frankfurt/Oder (Stadt) – Słubice; Frankfurt/Oder (Autobahn) – Świecko; Guben – Gubin; Forst – Olszyna; Bad Muskau – Łeknica; Görlitz – Zgorzelec; Zittau – Sieniawka. Auch die polnisch-tschechischen Grenzübergänge stehen den Reisenden offen.

In den Stoßzeiten am Wochenende kann es zu Wartezeiten kommen. Die polnische und die deutsche Seite werfen sich gegenseitig vor, einen zügigen Ausbau der Grenzanlagen zu hintertreiben. Gegenwärtig werden mehrere neue Straßen- und Fährverbindungen über die Oder eingerichtet. Die Wiedereröffnung der Brücken bei Küstrin-Lietz/Kosfrzyń für den Autoverkehr ist zum September 1992 geplant.

● **Verkehr**

Der Autoverkehr ist in den vergangenen Jahren stark angestiegen. Die Straßenverhältnisse sind im wesentlichen gut, doch fehlen überwiegend Straßenrandbegrenzungen, was besonders das Fahren bei Nacht erschwert. Auch Fußgänger, die häufig sogar außerhalb der Ortschaften auf der Fahrbahn unterwegs sind, machen eine erhöhte Aufmerksamkeit notwendig. Polen gehört zu den Ländern, die die höchste Unfallrate mit Todesopfern haben.

Die Verkehrsregeln entsprechen den deutschen, jedoch gilt bei dem in Polen häufigen Kreisverkehr die Regel, daß das im Kreisverkehr befindliche Fahrzeug immer Vorfahrt hat. Die Geschwindigkeitsbegrenzung beträgt in geschlossenen Ortschaften 60 km/h, außerhalb geschlossener Ortschaften 90 km/h, und auf als solchen ausgewiesenen Schnellstraßen 110 km/h. Seit Anfang 1992 besteht auch innerhalb geschlossener Ortschaften Anschnallpflicht.

In den Wintermonaten (von November bis April) muß auch am Tage mit Fahrlicht gefahren werden.

Die Promillegrenze liegt bei 0,2. Sie wird bereits bei einem kleinen Bier überschritten. Im Stadtverkehr sind an den Ampeln grüne Abbiegepfeile üblich, die auch bei rotem Ampellicht ein Abbiegen nach rechts gestatten.

Es ist empfehlenswert, sein Fahrzeug nachts auf bewachten Parkplätzen abzustellen, die in der Nähe der größeren Hotels zahlreich eingerichtet wurden.

● **Tankstellen**

In jüngster Zeit erlebte das Land einen Tankstellenboom. Fast alle neueröffneten Stationen bieten bleifreien Kraftstoff an. Jedoch ist dieses Netz noch nicht völlig flächendeckend aufgebaut; wer auf Bleifrei angewiesen ist, sollte immer rechtzeitig seinen Tank wieder auffüllen. Tankstellen und Zapfsäulen für bleifreies Benzin sind mit einem durchgestrichenen »pb« gekennzeichnet. Bleifreies Benzin hat 95 Oktan. Super Plus mit 98 Oktan gibt es nur vereinzelt, hier empfiehlt sich ein sehr großer Reservekanister. Das verbleite Super gibt es mit 94 und 98 Oktan. Verbleites Normalbenzin hat lediglich 86 Oktan.

Die Benzinpreise, besonders für Diesel, sind niedriger als in Deutschland.

● **Pannenhilfe**

Bei einer Panne steht auch dem ausländischen Fahrer der Pannenhilfs-

## Reisetips

dienst des Polnischen Motorverbandes, »PZM«, zur Verfügung. In fast allen Ortsnetzen ist er unter der Telefon-Nummer **981** zu erreichen. Die Zentrale des Motorverbandes »PZM« befindet sich in Warschau
*PZM* ul. Krucza 6/14
Warschau
☎ 29 35 41, 29 04 67.
Offiziell ist für Ausländer die Grüne Versicherungskarte erforderlich.

### Mit der Bahn
**(national und international)**
Die Bahnfahrten von Deutschland nach Polen sind verhältnismäßig preisgünstig. Bei der Berechnung des Preises werden unterschiedliche Kilometerkosten für die Strecken der Bundesbahn, der Reichsbahn sowie der polnischen Staatsbahn (PKP) zugrunde gelegt. Gewitzte Reisende lösen nur eine Hinfahrkarte und kaufen die Rückfahrkarte zu einem günstigeren Preis in Polen.
Es läßt sich auf vielfältige Weise auch bei der Einreise auf dem Schienenweg Geld sparen: So sollte man nur bis zum ersten polnischen Bahnhof eine Fahrkarte lösen und von dort zum günstigeren Inlandstarif weiterfahren. Ein Umweg über die Tschechoslowakei oder Ungarn kann die Anreise ebenfalls verbilligen. Zudem erhalten Inhaber eines Studentenausweises für Strecken innerhalb Polens, Ungarns und der Tschechoslowakei Ermäßigungen. Selbstverständlich gilt der Interrailpaß für Reisende unter 26 Jahren auch in Polen.
Von Deutschland aus bestehen viele Zugverbindungen nach Polen. Die meisten davon führen über Berlin und Frankfurt/Oder nach Warschau. Auch von Frankfurt/Main existiert eine günstige Direktverbindung über Leipzig, Breslau, Oppeln, Kattowitz und Krakau nach Warschau. Von Wien nach Warschau verkehrt der traditionsreiche Chopin-Expreß über Prag und Krakau. Von Basel gibt es Direktverbindungen nach Warschau über Berlin und Posen.
Seit Juni 1992 verkehrt der »Berolina«-Zug zwischen Berlin und Warschau als EuroCity. Er verkürzt die ehemals fast zehnstündige Fahrtzeit auf sechseinhalb Stunden.
Für Reisende, die ihr Urlaubsziel Polen per Eisenbahn entdecken möchten, bietet sich der Erwerb des nicht übertragbaren Polrail-Passes an. Er berechtigt zur uneingeschränkten Benutzung aller polnischen Züge innerhalb eines bestimmten Zeitraumes ohne Kilometerbegrenzung. Der Paß wird für eine Woche (75 DM), für zwei (85 DM), drei (95 DM) und vier Wochen (105 DM) angeboten. Er kann sowohl in Polen selbst, als auch vorher bei den Orbis-Büros des Heimatlandes erworben werden. Trotz einer Vervielfachung der Preise in den vergangenen Jahren sind die Fahrkarten des innerpolnischen Bahnverkehrs immer noch relativ billig, so daß viele Reisende die 1.Klasse bei einem Aufschlag von etwa 50% bevorzugen.
Bei der Planung der Reiserouten kann man sich von den Büros der Polnischen Staatsbahnen (PKP) in Deutschland ( Schillerstraße 3, 6000 Frankfurt 1, ☎ 0 69/29 43 60) und in Österreich (Elisabethstraße 6, 1010 Wien, ☎ 01/5 87 12 85) beraten lassen.

### Mit dem Bus
**(national und international)**
Eine zunehmend beliebter werdend Alternative zu den Bahnverbindungen stellen die internationalen Linienbusse nach Polen dar. Mehrere private deutsche und polnische Unternehmer bieten zu unterschiedlichen Konditionen Verbindungen zwischen deutschen Städten und polnischen Metropolen und Ferienorten an. Diese Busfahrten, deren Preise in der Regel deutlich unter denen vergleichbarer Bahnverbindungen liegen, bieten zudem die Möglichkeit, schon während der Fahrt Kontakte zu »Gleichgesinnten« und polnischen Reisenden zu knüpfen. Reisebüros mit speziellen Polen-Programmen verfügen über die aktuellen Fahrpläne und verkaufen meist auch die entsprechenden Fahrkarten. Die Angebote der deutschen und polnischen Buslinien ändern sich häufig, es lohnt sich, nach Sondertarifen zu fragen.
Polen selbst ist mit einem dichten Netz von Autobuslinien überzogen. Im Zuge der Dezentralisierung hat man

das staatliche Monopolunternehmen, dem bisher sämtliche Bahn- und Buslinien unterstanden, in einzelne regionale Gesellschaften aufgeteilt. Das hat einerseits in einigen Teilen des Landes zu einer Verbesserung des Service geführt, andererseits aber sind die Fahrpläne nicht mehr aufeinander abgestimmt. Fast alle Buslinien beginnen an den Bahnhöfen. Dort kann man auch Auskünfte einholen und meistens Fahrkarten kaufen. Obwohl die Preise explosionsartig gestiegen sind, ist eine Busfahrt immer noch vergleichsweise billig. Neben den regionalen und städtischen Busunternehmen haben sich auch Privatfirmen etabliert. Diese sind im Wesentlichen auf touristische Fahrten spezialisiert. Sie verfügen über moderne westliche Fahrzeuge und bieten ihre Dienstleistungen über die Hotels und Touristeninformationsbüros an. Die Preise orientieren sich hier an den Brieftaschen der westlichen Fahrgäste.

## Mit dem Flugzeug
**(national und international)**
Der internationale Großflughafen in Warschau gilt nach der Inbetriebnahme des neuen Terminals im Sommer 1992 als einen der schnellsten und modernsten in Europa. Um das 300 Mio. DM Projekt zu finanzieren mußte die staatliche Flughafengesellschaft die Start- und Landegebühren der nächsten acht Jahre verpfänden. Zwei Dutzend internationale Fluggesellschaften sind in Warschau mit Stadtbüros und am Flughafen mit eigenen Schaltern vertreten. Mehrmals wöchentlich verkehrende Flüge von Köln nach Krakau sowie tägliche Flüge von Frankfurt a.M. und von Wien und Zürich nach Warschau verbinden das Land auf dem Luftweg mit Deutschland, Österreich und der Schweiz. Traditionell bestehen von Berlin-Schönefeld aus gute Verbindungen nach Polen (täglich außer Dienstag). In Polen gekaufte internationale Flugtickets, die auch für Ausländer gelten, sind bisweilen um die Hälfte billiger als in Deutschland.
Von Breslau, Kattowitz und Krakau führen Luftlinien in die Hauptstadt Warschau. Am Abflugschalter sollte man sich nach den Stand by-Angeboten zum halben Preis erkundigen, die offiziell allerdings nur für Studenten gelten.

## Zollbestimmungen
Nach Polen dürfen Waren im Werte von höchstens 200 US-Dollar ohne irgendwelche Beschränkungen ein- oder ausgeführt werden, sofern ihre Menge nicht darauf schließen läßt, daß sie zu Handelszwecken bestimmt ist.
Die Einfuhr von Waffen und Munition sowie von Drogen ist selbstverständlich verboten. Für Jagdwaffen werden von der polnischen Vertretung in Deutschland Sondergenehmigungen ausgestellt. Ein- und Ausfuhr der polnischen Währung sind weiterhin verboten. Für die Einfuhr polnischer Waren nach Deutschland gelten die EG-Bestimmungen. So ist die Mitnahme von 200 Zigaretten und einem Liter hochprozentigen Alkohols sowie von zwei Litern Wein für Reisende über 18 Jahren gestattet.

## Informationen
Über das gesamte Land verteilt findet man mehr als tausend touristische Informationspunkte. Sie sind mit dem Zeichen »it« gekennzeichnet. Die lokalen Orbisbüros und die Büros der staatlichen Gesellschaft für Tourismus und Landeskunde (PTTK), die zu einem großen Teil von lokalen und regionalen Organisationen übernommen werden, unterhalten solche Informationsstellen. Viele Informationspunkte sind jedoch geschlossen worden oder haben ihre Öffnungszeiten stark eingeschränkt. Auch an den »it«-Schaltern in den großen Hotels kann man sich umfassend über touristische Angebote informieren.
In Köln wurde Anfang 1992 das *Staatliche Polnische Informationszentrum* für Touristik eingerichtet
Hohenzollernring 99-101
5000 Köln 1
☎ 5102240
Das ehemalige Monopolunternehmen für Auslandstourismus, *»Polorbis«*, unterhält im gleichen Haus sein Hauptbüro für Deutschland:

## Reisetips

Hohenzollernring 99-101
5000 Köln 1
☎ 02 21-52 00 25
Fax 02 21-52 82 77
»*Orbis*«-Filialen gibt es in:
2000 Hamburg 1, Glockengießerwall 3, ☎ 0 40-33 76 86;
in 7000 Stuttgart 1, Rotebühlstr. 51, ☎ 07 11-61 24 20;
und in O-1034 Berlin,
Warschauerstraße 5, ☎ 5 89 45 30.
Die »Orbis«-Vertretung in **Österreich** hat die Anschrift:
Schwedenplatz 5
1010 Wien
☎ 02 22-63 08 10.

### Angeln

Bei Anglern, die den Süden Polens bereisen, haben die Flüsse San und Dunajec einen hervorragenden Ruf. Es sind breite Ströme mit einer Tiefe von höchstens 1,5 Metern, die sich daher ausgezeichnet zum Watenangeln eignen. Neben einem großen Bestand an Äschen und Bachforellen tritt hier auch der Kaulkopf auf.
Hinweise zu den Angelmöglichkeiten erteilen die örtlichen Touristenbüros, wo man auch Angelgenehmigungen erhalten kann. Polnische und deutsche Privatveranstalter bieten Angelaufenthalte an. Wer seiner Ausrüstung noch etwas hinzufügen möchte, kann sich in einem der vielen polnischen Anglergeschäfte zu niedrigen Preisen eindecken.

### Apotheken siehe: Medizinische Versorgung.

### Autoverleih

Die großen internationalen Autoverleiher haben auch in Polen Niederlassungen. Man kann bereits in Deutschland buchen, oder direkt an Ort und Stelle. Alle Hotelrezeptionen und die größeren Touristeninformationsbüros sind dabei behilflich. Technischer Standard und die Preise entsprechen dem internationalen Niveau. Kreditkarten werden gern gesehen.

### Baden

Polen verfügt über Tausende von Seen, von denen die meisten zum Baden geeignet sind. An vielen Seeufern findet man Plätze, auf denen man kostenlos zelten darf, und die auch über einen eigenen Badestrand verfügen. Zum Schutze der Natur wurden aber zunehmend Uferregionen gesperrt. Die Schilder, auf denen ein durchgestrichener Schwimmer abgebildet ist, sollte man unbedingt beachten. (Siehe auch FKK)

### Banken siehe: Geld

### Behörden

Die Öffnungszeiten der Behörden sind unterschiedlich, meist sind sie jedoch nur vormittags geöffnet. Amtliche Gebäude sind an dem Wappenschild mit dem polnischen Adler zu erkennen.

### Bergsteigen und Bergwandern

In den Sudeten und Karpaten bieten sich für Bergwanderer und Bergsteiger gute Möglichkeiten, ihrem Sport nachzugehen. Besonders in den Sudeten hat man in den letzten Jahren ein umfangreiches Netz von Höhenwanderwegen angelegt, die gut ausgeschildert sind. Karten der Wandergebiete erhält man in den Fremdenverkehrszentren. Bergsteigern sei die Hohe Tatra empfohlen. Hier sollte man als ungeübter und ortsunkundiger Alpinist die Hilfe eines Bergführers in Anspruch nehmen. Klettertouren werden individuell oder für Gruppen angeboten.

### Botschaften siehe: Diplomatische Vertretungen

### Camping

Polen ist traditionell ein camperfreundliches Land. Schon in den fünfziger Jahren wurden überall im Lande sogenannte Biwakplätze angelegt, auf denen der Wanderer sein Zelt aufschlagen kann. Diese billige und naturnahe Art der Erholung hat nicht nur die Jahre überdauert, sondern ist auch heute wieder sehr gefragt. Ein Hotelzimmer ist für den polnischen Urlauber kaum noch bezahlbar. Die unbewachten Biwakplätze sind aber nicht mit dem Komfort ausgestattet, den ein deutscher Camper von zu

Hause gewohnt ist. Dafür liegen sie aber fast alle in einer wunderschönen Umgebung. Westlichen Standard hingegen bieten viele der ca. 250 regulären Campingplätze, die in drei Kategorien eingeteilt sind und in der Regel vom 15. Mai bis zum 15. September geöffnet haben. Die Platzgebühren sind uneinheitlich, die unterschiedlich hohen Tarife werden dem Touristen ein Rätsel bleiben. Die meisten Campingplätze sind der Föderation für Camping und Caravan (PFCC) angeschlossen.
*PFCC*
00-060 Warszawa
ul.Krolewska 27
☏ 27 24 08
Die PFCC gibt eine jährlich aktualisierte Liste der Campingplätze mit Ausstattungsangaben heraus. Inhabern einer internationalen FICC-Karte wird eine Ermäßigung von 10% eingeräumt.
Auf vielen Campingplätzen kann man Bungalows mieten, die oft jedoch sehr geringen Komfort aufweisen.
Dem PFCC ist ein Reisebüro angeschlossen, das Campingplatz-Reservierungen entgegennimmt:
*Camptour*
03-823 Warschau
ul. Grochowska 331
☏ 10 60 50
Das »wilde« Campen ist offiziell verboten, wird aber meist geduldet. Bei Privatgelände sollte man vorher auf jeden Fall den Besitzer fragen.

## Devisen siehe: Geld und Zollbestimmungen

## Diplomatische Vertretungen
*Botschaft der Bundesrepublik Deutschland*
03-932 Warschau
ul. Dabrowiecka 30
☏ 17 30 11
*Botschaft der Republik Österreich*
00-748 Warschau
ul. Gagarina 34
☏ 41 00 81-2
*Botschaft der Schweiz*
00-540 Warschau
Aleje Ujazdowskie 27
☏ 28 04 81-82.
Ein Generalkonsulat der Bundesrepublik befindet sich auch in
50-449 Breslau/Wrocław,
ul.Podwale 76,
☏ 44 20 06

## Einkaufen
Das Einkaufen bereitet kein größeres Problem. Als Käufer hat man eine große Auswahl, die Geschäfte sind zu günstigen Zeiten geöffnet. Die Selbstbedienungsläden öffnen meist um acht Uhr, viele von ihnen schließen erst um 20 Uhr. Ein Ladenschlußgesetz gibt es nicht, jeder private Geschäftsmann oder Leiter eines genossenschaftlichen Ladens kann selbst darüber bestimmen, wie lange er seine Ladentür geöffnet hält. In den Großstädten sind einige Geschäfte rund um die Uhr geöffnet. Die zeitliche Einschränkung für den Verkauf von Alkohol wurde 1991 aufgehoben. Neben den stationären Geschäften haben sich viele findige ambulante Händler eingerichtet, bei denen man manches frischer und billiger kaufen kann. Ebenfalls auf offener Straße finden sich bis in den westlichen Landesteil hinein Bürger aus Litauen, der Ukraine und Weißrußland, die als Handelstouristen von dem Währungsgefälle profitieren wollen und die unterschiedlichsten Produkte ihrer Heimat zu Schleuderpreisen anbieten. Globetrotter, die sich in orientalischen Ländern im Feilschen geübt haben, sind hier im Vorteil. (Siehe auch: Souvenirs, Öffnungszeiten)

## Elektrizität
Die Netzspannung beträgt 220 Volt. Die Steckdosen entsprechen der Euro-Norm.

## Essen und Trinken
Die polnische Küche ist deftig und bodenständig. Neben den auch bei Touristen beliebten Nationalgerichten Borschtsch, Bigosch und Piroggen wird dem Gast in den meisten Restaurants auch Flaki angeboten. An dieser Kuttelsuppe scheiden sich die Geister. Die Spezialität aus dem Magen der Rinder findet unter den Ausländern nur wenige Anhänger. Neben den uns bekannten Beilagen Kartoffeln, Nudeln, Klößen und Reis wird in Polen

**Service** Reisetips

seit altersher auch Hirse gereicht. Viele Touristen kennen diese Beilage nicht und reagieren skeptisch darauf. Bei einem Besuch der Karpatenregion sollte der Reisende auf jeden Fall die Küche der Goralen – der hier ansässigen Bergbewohner – kennenlernen. Sie ist geprägt von der üppigen Verwendung der beiden unterschiedlichen Schafskäsearten »Brynza« (ein quarkähnlicher Frischkäse) und »Oscypek« (ein geräucherter Hartkäse), für die die Goralen berühmt sind.

Neben dem klassischen Getränk Wodka wird dem Gast zu fast allen Gelegenheiten Tee angeboten. Der Eroberungsfeldzug deutscher Kaffeefirmen ist indes unaufhaltsam. Das ehemalige Luxusgetränk gewinnt zunehmend Freunde, jedoch bestehen Unterschiede bei der Zubereitung. Der polnische Kaffee wird in der Regel nicht gefiltert.
(siehe auch: Restaurants)

## Feiertage

Die gesetzlichen Feiertage sind vom katholischen Glauben bestimmt. Neben dem 3. Mai, dem traditionellen Tag der Verfassungsgebung von 1791, der jetzt wieder zum Nationalfeiertag erklärt wurde, sind dies der Neujahrstag, der Ostermontag, der 1. Mai, der Fronleichnamstag, Mariä Himmelfahrt (15. August), Allerheiligen (1. November) sowie die beiden Weihnachtsfeiertage. Karfreitag und Pfingstmontag gelten hingegen nicht als gesetzliche Feiertage.

Der 22. Juli, der »Tag der Wiedergeburt«, wurde als Nationalfeiertag abgeschafft, der 11. November, der an die Wiedererstehung eines polnischen Staates im November 1918 erinnert, eingeführt. (Siehe auch: Schulferien)

## FKK

Obwohl die organisierten FKK-Freunde, die sich in Polen »Naturisten« nennen, einen großen Aufschwung erleben, gilt es immer noch als unschicklich, nackt zu baden. Die Naturisten haben sich in streng abgeriegelten Arealen eingerichtet. Auch »oben ohne« konnte sich bislang an polnischen Seeufern nicht durchsetzen.

## Fotografieren

Noch heute kann man an vielen Gebäuden ein markantes Schild erkennen. Es zeigt einen Fotoapparat, der von einem roten Balken durchkreuzt wird. Früher war das Fotografieren von öffentlichen Einrichtungen verboten, und mancher Tourist bekam bei Nichteinhaltung Schwierigkeiten mit der Miliz. Heute werden diese Schilder von niemandem mehr ernst genommen. Film- und Fotomaterial aller bekannten Marken ist zu deutschen Preisen erhältlich. In den größeren Städten wurden Schnellentwicklungslabors eingerichtet, bei denen man innerhalb einer Stunde seine Urlaubsbilder entwickeln lassen kann.

## Galerien

Aus der Zeit des Sozialismus blieb ein Netz von staatlich geförderten Galerien für moderne Kunst erhalten. In allen größeren Städten kann man in den städtischen Galerien einen interessanten Einblick in das gegenwärtige Kunstschaffen des Landes gewinnen. Die renommiertesten sind in
● **Krakau/Kraków**
Galerie BWA, Plac Szczepanski, Galerie Foksal, ul. Foksal; Galerie Kryzsztofory, ul.Szczepanska 2; Gallery Starmach, Rynek Glowny 45,
☎ 21 96 81.

Neben den etablierten staatlichen Galerien sind in der letzten Zeit kleine private Galerien wie Pilze aus dem Boden geschossen. Der Kunstmarkt zeigt sich so vielgestaltig wie nie zuvor. Viele Künstler wählen auch den direkten Weg zum potentiellen Käufer und bieten ihre Werke an Touristenplätzen zum Kauf an. Handeln lohnt auf jeden Fall.

## Geld

Der Złoty orientiert sich am US-Dollar. Das bedeutet für den deutschen Touristen einen günstigen Tausch bei einem niedrigen Dollarkurs. Im Juni 1992 bekam man etwa 8500 Złoty für 1 DM. Der Wechselkurs schwankt täglich, ein Schwarzer Markt existiert dank der Freigabe des Devisenhandels und der geringen Differenz zwischen offiziellem An- und Verkaufspreis nicht mehr. Einige Schwarzhänd-

ler haben sich jedoch umgestellt: Wenn Touristen auf der Straße ein besonders günstiger Wechselkurs angeboten wird, handelt es sich fast immer um Betrugsgeschäfte. Die »Geldwechsler« zahlen mit falschen Złoty-Noten oder gebrauchen Taschenspielertricks, mit denen sie große Scheine in kleine wertlose »verwandeln«.
Der offizielle Umtausch bereitet keine Probleme. Neben Banken haben sich zahlreiche private Wechselstuben (»Kantor«) auf das Geschäft eingestellt. Die Banken bieten den Vorteil, daß man bei ihnen auch mit Eurocheques polnisches Geld bekommen kann (ausgestellt bis zum Höchstbetrag von 2,3 Mio. Złoty, Stand Juni '92). Reisecheques hingegen lassen sich auch bei größeren Banken nur mit Schwierigkeiten einlösen.
An den Hotelrezeptionen ist der Kurs in der Regel geringfügig schlechter. Der günstigste Umtausch ergibt sich beim Wechseln von DM-Noten in Polen selbst. Kreditkarten sind noch nicht sehr verbreitet, sie werden nur von den großen Hotels, den Fluggesellschaften und Autoverleihern angenommen. Die galoppierende Inflation Ende der achtziger Jahre hat den Ruf nach einer Währungsreform laut werden lassen, denn auch die Bürger des Landes haben Probleme, die Anzahl der Nullen auf den Banknoten immer korrekt zu erfassen. Die Reform ist unterdessen für Ende 1992 angekündigt worden. (Siehe auch Zollbestimmungen)

## Hotels siehe: Unterkunft

## Jugendherbergen

Neben den ca. 100 ganzjährig geöffneten Jugendherbergen werden während der Sommermonate etwa 1000 Saisonjugendherbergen – meist in Schulen – eingerichtet. Die Saisonjugendherbergen verfügen nur über geringen Komfort und bieten auch keine Verpflegungsmöglichkeit.
Bei der Aufnahme werden Gäste bis 26 Jahren bevorzugt behandelt, obwohl die Herbergen im Prinzip allen Altersgruppen offenstehen. Der Aufenthalt ist offiziell auf drei Tage begrenzt. Gruppen ab sechs Personen müssen sich mindestens vier Wochen vorher anmelden.
Mit einem internationalen Jugendherbergsausweis erhält man 25% Ermäßigung. Die sehr unterschiedlichen Übernachtungsgebühren richten sich nach dem gebotenen Komfort.
Das Deutsche Jugendherbergswerk gibt die aktuellen Listen heraus.
*Deutsches Jugendherbergswerk*
Postfach 220
4930 Detmold
Polnische Gesellschaft für das Jugendherbergswesen
*Polskie Towarzystwo Schronisk Mlodziezowych (PTSM)*
ul. Chocimska 28
00791 Warszawa
☎ 0 22-49 83 54

## Kuren

Viele polnische Orte haben auch heute noch den Status eines Kurortes. Meist stammt diese Tradition aus der Zeit, als die Orte noch zu Deutschland gehörten. Die meisten Kuren beruhen auf der heilsamen Wirkung von Mineralquellen. Wegen des fehlenden Krankenversicherungsabkommen zwischen Polen und der Bundesrepublik ist eine Kostenübernahme durch deutsche Krankenkassen nicht möglich. Die Orte selbst und die Kurmittelanlagen befinden sich heute durchweg in einem desolaten Zustand. In den letzten Jahrzehnten wurden nur die nötigsten Investitionen getätigt.
Die meisten polnischen Kurorte befinden sich in den Karpaten oder im Karpatenvorland: Krynica, Szczawnica, Polanica Zdrój, Landek Zdrój, Świeradów Zdrój.

## Landkarten und Stadtpläne

Es lohnt nicht immer, sich schon in Deutschland mit detaillierten Karten zu versorgen. In Buchhandlungen, an Kiosken und an den touristischen Informationsstellen erhält man meist vor Ort selbst für wenig Geld gutes Kartenmaterial. Viele Karten enthalten auch deutschsprachige Hinweise. Ein wesentlicher Vorteil der polnischen Karten gegenüber den deutschen besteht darin, daß ihr Erscheinungsjahr meist deutlich angegeben ist. Bei Stadtplänen besteht das Problem, daß im Zuge der politischen Erneuerung viele Straßen umbenannt wurden. »Helden des Sozialismus« mußten auf ihre Straßen vielerorts zugunsten von katholischen Märtyrern verzichten. Oft halten die Stadtpläne mit den Umbenennungen nicht Schritt.

## Medizinische Versorgung

Zwischen Polen und der Bundesrepublik besteht kein Krankenversicherungsabkommen. Alle Arzt- und Krankenhausrechnungen müssen in Polen sofort bar bezahlt werden! Deutsche Krankenkassen ersetzen diese Auslagen nicht. Der Abschluß einer privaten Urlaubskrankenversicherung ist dringend anzuraten.

Die Privatisierungswelle hat auch vor den Apotheken nicht Halt gemacht. Jetzt werden die meisten Apotheken nach marktwirtschaftlichen Gesichtspunkten geführt. Bagatellarzneien sind zwar immer noch billig, doch viele wichtige Präparate sind kaum erhältlich. Wer also auf bestimmte Medikamente regelmäßig angewiesen ist, sollte diese mitbringen. Die Öffnungszeiten sind leider nicht mehr einheitlich, in größeren Städten jedoch besteht ein Notdienst.

## Motorradfahren

Für das Fahren mit dem Motorrad gelten dieselben Hinweise wie für das Autofahren. Allerdings gilt auch auf Schnellstraßen und Autobahnen die Geschwindigkeitsbegrenzung von 90 km/h. Es besteht Helmpflicht. Wer seine Route individuell planen möchte, findet in Motorradzeitschriften viele Anregungen, denn deren Redakteure haben Polen als das ideale Reiseland für den Motorradtourismus entdeckt. Besonders der unwegsame Südosten des Landes gilt als Geheimtip unter Motorradreisenden.

## Museen

Das Gebiet Polens ist mit mehr als 600 Museen unterschiedlicher Art übersät. Die bedeutendsten von ihnen werden als Nationalmuseum geführt.

Die kunsthistorisch reichsten Sammlungen Südpolens befinden sich in

● **Krakau/Kraków**
Nationalmuseum, al.3 Maja 1; Kunstpalast, pl.Szczepanski 3, Staatliche Kunstsammlung auf dem Wawel, Wawel 5; Tuchhallen, Rynek Glowny;
● **Breslau/Wrocław**
Nationalmuseum, pl.Powstancow-Warszawy 5; Architekturmuseum, ul.Bernardynska 5;

Aber es gibt kaum eine kleine Stadt, die nicht ein historisches Gebäude aufzuweisen hat, in dem ein Heimatmuseum eingerichtet wurde. Die desolate wirtschaftliche Lage hat dazu geführt, daß die Präsentation vielfach zu wünschen übrig läßt und die Öffnungszeiten eingeschränkt werden mußten (viele Museen sind nur bis 15 Uhr geöffnet, die Nationalmuseen schließen um 18 Uhr). Montags sind fast alle Museen geschlossen, viele auch dienstags. Fast immer wird ein Eintrittsgeld verlangt, das meist niedrig ausfällt (1 DM bis 1, 50 DM), Studenten wird eine Ermäßigung gewährt. In den Museen, die von ausländischen Touristen besonders stark besucht werden, finden oft auch Führungen in deutscher Sprache statt. (Siehe auch: Öffnungszeiten)

## Nahverkehr, öffentlicher

In allen größeren polnischen Städten ist das Nahverkehrssystem gut ausgebaut. Zahlreiche Busse, Oberleitungsbusse und Straßenbahnen befördern Einheimische und Touristen auch in entlegene Stadtgebiete. Die meisten touristischen Attraktionen sind mit den Nahverkehrsmitteln gut zu erreichen. Die billigen Fahrscheine – die Preise schwanken zwischen 1200 und 2400 Złoty (etwa 15 bis 30 Pfennig) – muß der Fahrgast vorher an einem der vielen Kioske, die mit dem Symbol der örtlichen Verkehrsgesellschaft gekennzeichnet sind, kaufen. Die Fahrscheine berechtigen zu einer Fahrt von beliebiger Länge ohne umzusteigen. Nach dem Besteigen des Verkehrsmittels muß der Fahrgast seinen Fahrschein selbst entwerten. Beim Normaltarif wird der Fahrschein oben und unten entwertet, beim Ermäßigungstarif, wie er für Schüler und Studenten gilt, braucht der Fahrschein nur einmal entwertet zu werden, so daß sich mit einem Fahrschein zwei Fahrten zurücklegen lassen. Auch ausländische Schüler- und Studentenausweise werden anerkannt. Ab 23 Uhr setzt der Nachttarif ein, bei dem sich der Fahrpreis verdoppelt. Auch bei der in einigen Großstädten verkehrenden Expreßbussen, die das Zentrum mit weit entfernten Vororten ohne Zwischenstop verbinden, ist der doppelte Fahrpreis zu entrichten. Das Fahrkartensystem ist landeseinheitlich geregelt.

## Nationalparks

Schon früh hat man begonnen, landschaftlich besonders reizvolle Gebiete zu Nationalparks zu erklären. Heute umfaßt die Gesamtfläche der inzwischen 16 Nationalparks 146 000 Hektar. Man darf die Wege nicht verlassen und sollte Rücksicht auf die geschützten Tierarten nehmen. In vielen Nationalparks besteht die Möglichkeit, sich mit Hilfe eines Führers besser mit der Natur vertraut zu machen. Die größeren Nationalparks haben kleine naturkundliche Ausstellungen eingerichtet, die einen Überblick über den jeweiligen Park ermöglichen. Für Touristen wurden vielfach Rasthäuser und Übernachtungshütten angelegt.
Die bedeutendsten Nationalparks sind in Südpolen der Babiogorski-Park (1734 ha), der in den Beskiden liegt und einen alpinen Charakter aufweist; der Tatra-Park (21164 ha), der wegen seines Hochgebirges der meistbesuchte Park ist; der in dem einsamen Südostgebiet Polens gelegene Bieszczadzki-Park (5587 ha), in dem man noch wild lebende Bären und Wölfe antreffen kann; der Swietokrzyski-Park (5906 ha) nördlich von Krakau, in dem viele seltene Pflanzen wachsen. Als erster Nationalpark wurde 1932 der nur 2329 ha große Pieninski-Park an der Grenze zur Tschechoslowakei eingerichtet. Urzeitliche Pflanzen und seltene Vogelarten konnten hier bewahrt werden.

## Notruf
Landeseinheitlich gilt
**997** für die Polizei
**998** für die Feuerwehr
**999** für den Rettungsdienst

## Öffnungszeiten

Die Öffnungszeiten der Läden, der Behörden und der Museen schwanken sehr und ändern sich ständig. Generell kann gesagt werden: je größer der Ort und je gewinnorientierter die Einrichtung, desto günstiger die Öffnungszeiten. So gibt es in jeder größeren Stadt einen Lebensmittelladen, der rund um die Uhr geöffnet hat. Auch private Wechselstuben haben teilweise bis spät in die Nacht geöffnet, während Banken ihre Wechselstellen oft nur von 10 bis 13 Uhr offen halten. Noch heute schließen alle Restaurants lange vor Mitternacht. Sogar die Restaurants der großen internationalen Hotels setzen ihre Gäste zeitig vor die Tür. Manche der neueröffneten Privatrestaurants haben sich jedoch auf den Hunger später Gäste eingestellt und sind sehr viel länger geöffnet. Bei den im Serviceteil angegebenen Restaurants kann der Gast davon ausgehen, daß sie in der Regel am frühen Nachmittag öffnen und gegen 22 Uhr abends schließen. Abweichende Öffnungszeiten sind angegeben.
Viele Museen schließen außerhalb der Saison bei Einbruch der Dunkelheit. Einige Museen sind sogar den Winter über ganz geschlossen. Man sollte versuchen, sich vorher bei einem »it«, dem touristischen Informationspunkt, über die Öffnungszeiten zu erkundigen.

## Pensionen siehe: Unterkunft
## Post und Telefon
Das Post- und Fernmeldewesen befindet sich in einem desolaten Zustand. Briefe und Karten von Polen nach Deutschland benötigen noch immer bis zu zwei Wochen. Eine Telefonverbindung zwischen den beiden Ländern herzustellen, scheitert oft an den wenigen – und daher ständig belegten – Fernleitungen. Sogar innerhalb Warschaus ist es schwierig, von einem Stadtteil aus in den nächsten zu telefonieren.
Normalerweise sind die Briefkästen

## Service — Reisetips

rot, die grünen Kästen dienen nur dem lokalen Briefverkehr, während die blauen für Luftpostsendungen bestimmt sind. Die Portogebühren erhöhen sich ständig, man sollte daher bei der Post oder den »it«-Stellen nachfragen. Briefmarken halten neben den Postämtern, die in der Regel von 8 bis 20 Uhr geöffnet haben, auch viele »it«-Stellen, Kioske und Hotels, bei denen es Postkarten zu kaufen gibt, bereit.

Alle öffentlichen Telefonzellen sind auf Automaten umgerüstet worden, die nur mit speziellen Telefonmünzen funktionieren. Diese Münzen (»Jetons«) sind bei den Postämtern zum aktuellen Tagespreis erhältlich. Manche Telefonzellen sind ausschließlich für den Ortsverkehr eingerichtet. Bei Telefongesprächen von Polen ins Ausland muß man sich an das örtliche Fernamt wenden. Nur von Warschau aus läßt sich theoretisch eine direkte Verbindung herstellen (Vorwahl nach Deutschland: 0-049; nach der Schweiz: 0-041; nach Österreich: 0-043).

Alle größeren Hotels verfügen über eine eigene Telefonzentrale, oft mit Fernschreiber und Fax ausgestattet. Der Hilfe dieser Telefonzentralen kann man sich bedienen, ob man Hotelgast ist oder nicht.

Auch bei Gesprächen in umgekehrter Richtung bestehen große Schwierigkeiten, einen Anschluß zu erreichen (Vorwahl nach Polen: 00 48). Nur einige größere Städte lassen sich vom Ausland aus direkt anwählen, darunter Warschau, Posen, Danzig, Breslau und Krakau. Generell ist auch für diese Städte eine Gesprächsanmeldung über das Fernamt zu empfehlen. Die Gesprächsvermittlung kann jedoch Stunden dauern. Eine Besserung trat 1992 ein, als in vielen regionalen Teilnetzen ein neues Telefongebühren-System eingeführt wurde: Die ersten fünf Minuten eines Gespräches schlagen jetzt mit 1000 Złoty zu Buche, jede weitere angefangene Minute kostet nochmals 1000 Złoty. Durch dieses progressive Gebührensystem wurde die durchschnittliche Gesprächsdauer stark verkürzt und somit die Leitungen entlastet.

## Privatquartiere siehe: Unterkunft

## Radfahren

Der südliche Teil Polens weist als einziger größere Steigungen auf. Die touristisch interessantesten Gegenden sind hier für Radwanderer wenig geeignet. Sportlich geübte Mountainbiker finden aber besonders in den Beskiden – im äußersten Südosten des Landes – ein ideales Terrain. Dabei sollten sie sich jedoch darüber im Klaren sein, daß sie sich in einem fast unbesiedelten Gebiet bewegen und ihr nötiges Gepäck noch um ausreichende Lebensmittel sowie Ersatzteile fürs Rad ergänzen müssen. Der Fahrradtourist wird zwar in der Regel überall freundlich aufgenommen, doch sollte er sich daran gewöhnen, als Exot betrachtet zu werden, denn das Fahrrad gilt nicht als ernstzunehmendes Verkehrsmittel. Bei der Planung und Vorbereitung einer Tour bietet sich ein Kontakt mit dem *Allgemeinen Deutschen Fahrrad-Club (ADFC), Am Dobben 91, 2800 Bremen,* an. Der Fahrrad-Club gliedert sich in viele Landesverbände, die teilweise zum Erfahrungsaustausch Infobörsen oder Treffs für Radtouristen eingerichtet haben.

## Radio und Fernsehen

Vielen Autotouristen wird auffallen, daß sie keine polnischen UkW-Sender empfangen können. Denn die polnischen Sender liegen nach alter osteuropäischer Norm jenseits des westeuropäischen Frequenzbereiches (66-73 MHz). Eine Umstellung auf westeuropäischen Standard ist vorgesehen. Damit werden auch neue Frequenzen für die privaten Radiostationen frei, die sich jetzt schon auf den wenigen Kanälen des alten Systems drängen. Ihr Programm, das im wesentlichen aus Unterhaltungsmusik und Gameshows besteht, hat dem des Staatsfunks längst den Rang abgelaufen. Bei Minderheitensendungen ist jedoch das staatliche polnische Radio führend. So wird von Polskie Radio Katowice jeden Mittwochnachmittag die bei der deutschen Minderheit populäre Sendung »Radio Versöhnung und Zukunft« ausgestrahlt. Das Programm wird von der gleichnamigen Organisation eigenverantwortlich gestaltet.

Das polnische Fernsehen strahlt neben seinen beiden landesweiten Programmen in einigen Regionen auch russische und litauische Programme aus. Das Zweite Programm übernimmt nach Schluß des eigenen Programms die Spätnachrichten des US-Nachrichtensenders CNN. Empfangsanlagen für Satellitenprogramme haben sich in Polen durchgesetzt. Fast alle Hotels sind damit ausgestattet.

Die Deutsche Welle ist auf Kurzwelle (6075 und 3995 KHz) überall gut zu empfangen.

## Restaurants

Restaurants waren jahrzehntelang ein Schrecken für jeden Touristen. Einst mußte man lange Zeit anstehen, um an einem Tisch »plaziert« zu werden und konnte dort aus der reichhaltigen Karte meist nur ein Gericht »auswählen«. Auf kaum einem anderen Gebiet hat sich die Marktwirtschaft für den Touristen angenehmer ausgewirkt, als auf dem der Gastronomie. Wenngleich das Land auch heute noch nicht zum Traumziel der Gourmets geworden ist, so wird doch niemand mehr mit knurrendem Magen ein Lokal verlassen müssen.

Internationalen Standard bieten die Restaurants der großen Hotels, bei denen der Vorteil besteht, daß die Speisenkarten mehrsprachig abgefaßt sind. Aber auch manche der kleinen privaten Gaststätten lassen nichts mehr zu wünschen übrig. In jüngster Zeit schießen besonders Restaurants mit ausländischen Spezialitäten wie Pilze aus dem Boden: Italienische, französischen und asiatische Spezialitäten, ja sogar syrische Gerichte stehen bei polnischen Restaurantbesuchern hoch im Kurs.

Die Preise in den von Touristen stark besuchten Lokalen nähern sich westlichem Niveau, doch kann man in schlichteren Gaststätten noch immer für wenig Geld ein schmackhaftes Gericht erhalten. Für den schnellen Hunger halten private Imbißbuden an bald jeder Ecke Kleinigkeiten bereit. Besonders beliebt ist neben Hotdog (Hotdogi), gegrillten Würsten (Kielbasa) und Pommes Frittes (Fritki) in Stangenbrot, überbacken mit Tomatensauce, Champignons und Käse (Zapiekanka). Viele Speisen werden sowohl an den Imbißbuden als auch in den Luxusrestaurants nach Gewicht verkauft.

Ein Überbleibsel aus der Zeit der Planwirtschaft sind die sogenannten Milchbars (Bar Mleczny). In diesen heute meist verwahrlost aussehenden Selbstbedienungsrestaurants werden einfache – oft auch fleischlose – Gerichte zu billigen (weil staatlich subventionierten) Preisen angeboten. (Siehe auch: Essen und Trinken, Öffnungszeiten)

## Schulferien

Die Sommerferien reichen jeweils vom vorletzten Freitag im Juni bis zum letzten Freitag im August. Die Weihnachtsferien gehen vom 22. Dezember bis 2. Januar. Die Winterferien dauern zwei Wochen zwischen Ende Januar und Anfang Februar. Die Osterferien beginnen am Gründonnerstag und gehen bis einschließlich Dienstag nach Ostern.

## Segeln

Auf den Stauseen am Fuße von Sudeten und Karpaten kann man dem Segelsport nachgehen, obwohl diese Seen noch nicht so populär sind wie das klassische polnische Segler-Dorado Masuren. Boote lassen sich ausleihen. Wer sich auf sein Glück verlassen möchte, kann versuchen, vor Ort privat ein Boot zu leihen. Die Preise sind mit Sicherheit günstiger. Die polnischen Segler organisieren sich im
*Polnischen Segelsportverband*
00-791 Warszawa
ul. Chocimska 14
☎ 49 57 31.

## Skilaufen

Die Sudeten und die Karpaten gelten als schneesicher und sind daher ein über Polen hinaus beliebtes Wintersportrevier. Die Umgebung von Zakopane verfügt über unzählige Pisten

## Reisetips

und Liftanlagen. Auch Sprungschanzen stehen dem alpinen Skisport zur Verfügung. Skifahrern, denen an einem ursprünglichen Naturerlebnis gelegen ist, seien die im Südosten gelegenen Beskiden empfohlen. Freunde des Skilanglaufs können in unterschiedlichen Gegenden ihrem Sport nachgehen. Am Fuße und in den Ausläufern der Gebirge sind viele Loipen gespurt.

### Souvenirs

Die Volkskunst wird sehr gepflegt, und ihre Erzeugnisse gelten als beliebte Souvenirs.

Ein umfangreiches, aber wenig originelles Angebot an Kunsthandwerk halten immer noch die »Cepelia«-Läden bereit, die von der nationalen Kunsthandwerkergenossenschaft betrieben werden. Mit mehr Vergnügen und zu günstigeren Preisen kann man aber bei den Kunsthandwerkern persönlich kaufen. Hier hat man die Möglichkeit, sich zum Beispiel Töpferwaren, handgewebte Leinentischdecken oder ähnliche persönliche Artikel nach eigenen Wünschen anfertigen zu lassen.

Sowohl moderne Kunst als auch schöne Antiquitäten werden in Polen zu erstaunlich niedrigen Preisen angeboten. Wenn es sich dabei nicht gerade um einen nationalen Kulturschatz handelt, wird der Käufer bei der Ausfuhr keine Schwierigkeiten bekommen. Speziell die in vielen Städten stattfindenden Flohmärkte sind ein Paradies für Freunde nostalgischer Artikel.

(Siehe auch: Galerien)

### Stadtrundfahrten

Neben den bewährten Stadtrundfahrten, die vom dem ehemaligen Tourismusmonopolisten »Orbis« immer noch angeboten werden, kann man sich jetzt auch an selbständige Fremdenführer wenden, die für Gruppen oder auch Einzelpersonen individuelle Stadtrundfahrten nach persönlicher Interessenlage des Kunden organisieren. Die meisten Stadtrundfahrten für ausländische Touristen beginnen an den großen Hotels, an deren »it«-Stellen man sich auch informieren und Fahrkarten kaufen kann. Oft jedoch bietet es sich an, die Stadt zu Fuß zu erkunden, da sich vielfach die Sehenswürdigkeiten auf engem Raum ballen. Hierbei zahlt sich die Führung durch einen sachkundigen Fremdenführer besonders aus.

### Tankstellen siehe: Autoverkehr

### Taxi

Obwohl für Polen kaum erschwinglich, sind Taxifahrten nach deutschen Maßstäben verhältnismäßig billig (ca. 50 Pfg/km). Wie in Deutschland wird der Taxameter angestellt. Wegen der hohen Inflation der vergangenen Jahre zeigt er einen Betrag an, der mit einem Faktor erst noch multipliziert werden muß, der neben dem Taxameter am Armaturenbrett angebracht ist.

Manch ein Taxifahrer kann behilflich sein, wenn es darum geht, eine private Unterkunft oder ein empfehlenswertes Restaurant zu finden. Sollte man an einen deutschsprechenden Fahrer geraten, so kann man mit ihm eine kleine Stadtrundfahrt unternehmen, deren Preis man vorher aushandelt.

### Toiletten, öffentliche

Für den ausländischen Besucher zeigen sich die Türen der öffentlichen Bedürfnisanstalten als ein Buch mit sieben Siegeln. Auf der einen Tür ist ein Kreis abgebildet, auf der anderen ein Dreieck. Niemand weiß, woher diese Symbole stammen. Dem Touristen sei verraten: der Kreis bedeutet »Damen«, das Dreieck »Herren«. An einigen Türen steht jedoch schon »Damski« und »Menski«. Wichtig zu wissen ist auch, daß alle öffentlichen Toiletten über Wärter verfügen, die Benutzungsgebühren erheben. Dies gilt auch für Hotel- und Gaststättentoiletten.

### Trampen

Polen ist ein tramperfreundliches Land. Dies ist ein Verdienst des »Sozialkomitees für Autostop«. Mit dieser auf der Welt einmaligen und vorbildlichen Einrichtung wurden in Polen schon vor Jahrzehnten die Anhalter

## Reisetips — Service

vom Ruf des »Asozialen« befreit und zu einer Gruppe regulärer Reisender gemacht. Der Tramper kauft sich ein für eine Saison gültiges Anhalterbüchlein des Sozialkomitees, in dem Kilometercoupons für insgesamt 20 000 km enthalten sind. Je nach Wegstrecke gibt er dem Fahrer entsprechende Coupons, der sie am Jahresende ans Zentralbüro einschickt, um an einer Verlosung teilzunehmen. Wenngleich das »Sozialkomitee für Autostop« heute ein Schattendasein führt und die Kilometer-Coupons eher belächelt werden, so ist doch das Verdienst dieser Einrichtung – die Image-Förderung des Trampens – nicht hoch genug einzuschätzen.
Das Fahren per Anhalter ist weit verbreitet. Es ist üblich, besonders auf Kurzstrecken dem Fahrer einen kleinen Benzinkostenzuschuß zu geben.

### Trinkgeld

In den Restaurants verstehen sich die Preise einschließlich Bedienungsgeld. Dennoch wird hier, wie in allen anderen Branchen auch, Trinkgeld gerne genommen. Erwartet werden Trinkgelder zwar nicht, aber als Ausdruck einer besonderen Zufriedenheit mit der erbrachten Dienstleistung angesehen.

### Unterkunft

Nach den Umwandlungen vieler Beherbergungsbetriebe in Privatfirmen steht dem Touristen ein ebenso großes wie unübersichtliches Bettenangebot zur Verfügung. An der Spitze der Rangfolge bieten die internationalen Luxushotels Weltstandard zu Preisen, die sich mit denen in Deutschland messen können.
Vielen Hotels des ehemaligen Monopolunternehmens »Orbis« gelang es, sich mit neuen kaufmännischen Konzepten selbständig zu machen. Einige wurden mit ausländischem Kapital modernisiert, während es anderen an den nötigsten Reparaturen fehlt.
Die Preise sind sehr unterschiedlich. Sie schwanken auch je nach Belegungsgrad und Saison. Trotz der scheinbar festgelegten Preise sollte man keine Hemmungen haben, an der Rezeption nach Preisnachlässen zu fragen. In den meisten Gebieten finden sich kleinere Ferienheime und Hotels, die ursprünglich großen Betrieben oder Massenorganisationen gehörten. Die meisten dieser Häuser, die vielfach in landschaftlich schönen Gegenden errichtet wurden, blicken einer ungewissen Zukunft entgegen. Die Preise sind hier oft erstaunlich günstig.
Eine Art der Unterkunft, die in Polen fast völlig fehlt, sind die aus Deutschland bekannten kleinen privaten Pensionen.
Privatzimmer hingegen werden überall angeboten. Für Touristen, denen an einem engeren Kontakt mit den Menschen des Gastlandes gelegen ist, stellen sie die ideale Übernachtungsmöglichkeit dar. Auch hier ist der Preis meist klein, das Frühstück umso größer. Ein Problem bei der Quartiersuche ist häufig das Fehlen eines Zimmernachweises, obwohl in einigen touristisch erschlossenen Gebieten die Touristeninformationsstellen Adressen von Privatvermietern bereithalten. Man kann sich aber auch der Tips von Taxifahrern, Fremdenführern oder Kellnern in Restaurants bedienen.
(Siehe auch:
Camping, Jugendherbergen)

### Zeitungen

Deutsche Zeitungen sind an den Zeitungsständen aller internationalen Hotels erhältlich. In Warschau erscheint wöchentlich die englischsprachige »Warsaw Voice«. Diese Zeitung wendet sich speziell an den ausländischen Besucher und enthält viele aktuelle touristische Hinweise. Für englischsprechende Touristen lohnt sich die Lektüre auf jeden Fall. Eine weitere englischsprachige Zeitung erscheint hier ebenfalls: der »Insider«. Er richtet sich an ein politisch interessiertes Publikum in aller Welt. Touristisch spezifische Informationen enthält er nicht, doch vermittelt seine Lektüre gute Einblicke in die jeweils aktuellen politischen Probleme und Diskussionen des Landes. Außerhalb Warschaus sind beide Blätter nur an den Kiosken der größeren Hotels erhältlich.

Markt bei den Goralen

# Polen Süd von A bis Z

## Annaberg/ Góra Świętej Anny

Wer den bekannten Annaberg besuchen möchte, quartiert sich am besten im rund 30 Km nördlich gelegenen **Oppeln/Opole** (siehe dort) oder in **Groß-Strehlitz/Strzelce Opolskie** (10 km nordöstlich von Annaberg) ein. Groß-Strehlitz ist eines der Zentren der deutschen Minderheit in Polen. Hier gibt es ein Motel:
*»Leśny«*
ul. Opolska
☎ 23 36
sowie die *PTTK-Touristeninformation*
ul. Krakowska 6
☎ 37 31
Campingfreunde finden in **Rozmierz** (rund 5 km nördlich von Groß-Strehlitz) einen schönen Lagerplatz
☎ 26 62

## Auschwitz/Oświęcim

Einwohner 60 000
- **Auskunft**
  *PTTK*
  ul. Mickiewicza 6
  ☎ 221 72
- **Unterkunft**
  *Hotel Olimpijski*
  ul. Chemików 2 a
  ☎ 238-41
  (mit Restaurant und Café)
  *Pension Kamieniec*
  ul. Zajazdowa 2
  ☎ 3 25 64
  (mit Restaurant)
  *Pension Spotkań Mlodzieży*
  ul. Manifestu Lipcowego 1
  ☎ 3 21 07
  *Pension Pokoje Gościnne*
  os. P. Findera 11
  ☎ 3 22 27
  *Sommer-Jugendherberge*
  in Birkenau/Oświęcim-Brzezinka
  ☎ 2 45 61.
- **Museum**
  Museum des Konzentrationslagers im Hauptgebäude des Vernichtungslagers, Kindern unter 14 Jahren ist der Eintritt nicht gestattet (montags geschlossen).

## Bielitz/Bielsko-Biała und die Westbeskiden

Einwohner 200 000
- **Auskunft**
  *PTTK*
  Bielsko-Biała
  ul. Dąbrowskiego 4
  ☎ 2 24 00
- **Unterkunft**
  *Hotel Orbis Magura*
  ul. Greczki 93
  ☎ 4 58 74
  (vier-Sterne-Luxushotel)
  *Hotel Prezydent*
  ul. 3. Maja 12
  ☎ 2 72 11
  *Hotel Ondraszek*
  ul. Warszawska
  ☎ 2 20 37
  *Hotel Pod Pocztą*
  ul. 1. Maja 4
  ☎ 2 60 37
  *Wanderheim*
  ul. Krasińskiego 38
  ☎ 2 62 62
  *Wanderheim* in Saybusch/Żywiec
  ul. Kościuszki 42
  ☎ 26 93
  *Wanderheim* in Szczyrk
  ul. Górska 7
  ☎ 578
  *Jugendherberge*
  ul. Komorowicka 25
  ☎ 2 74 66
  *Campingplatz*
  ul. Karbowa 15
  ☎ 4 60 80
  *Campingplatz*
  ul. Pocztowa 43
  ☎ 4 64 25
  *Campingplatz* in Saybusch/Żywiec
  ul. Kopernika 4
  ☎ 48 88
  *Campingplatz*
  mit Bungalowvermietung in Szczyrk
  ul. Kempingowa 4
  ☎ 760
- **Restauranttips**
  *Astoria*
  ul. Greczki 80
  ☎ 4 30 14
  *Dworek*
  ul. Greczki
  ☎ 4 41 47
  *Karczma Słupska*
  ul. Kosmonautów 3
  ☎ 2 48 12
  *Teatralna*
  ul. 1. Maja 4
  ☎ 2 47 30
  *Zajazd Klimczok*

**Service** Breslau

ul. Bystrzańska 94
☎ 2 27 48
- **Cafés**
freundliches *Café im Hotel Magura*
ul. Greczki 93
*Mikron*
ul. Barlickiego 13
*Nowa*
ul. Jutrzenki
*Radosna*
pl. Wolnosci 7
- **Museen**
*Heimatmuseum
im Sulkowskich-Schloß*
☎ 25353
*Biermuseum in der Brauerei*
Cieszyńska 3 a
- **Unternehmungen**
Am nordwestlichen Ortsausgang befindet sich der Ausgangspunkt einer Seilbahn, mit der sich der 1026 m hohe Gipfel des Szyndzielnia-Berges bequem erreichen läßt. Sportlicheren Naturen steht es frei, den Berg ohne dieses technische Hilfsmittel zu bezwingen.
Neben dem Besuch von **Saybusch**/**Żywiec** bieten sich im Sommer Wanderungen in der herrlichen Umgebung der Stadt an. Die westlichen Beskiden, an deren Fuße Bielitz liegt, gehören zu den beliebtesten Wandergebieten. Im Winter laden Skipisten, Sprungschanzen und Loipen in den verschiedensten Schwierigkeitsgraden die Wintersportler ein. Besonders der Nachbarort **Szczyrk** ist ein bedeutender Wintersport- und Luftkurort.

## Bledower Wüste/ Pustynia Błędowska

Der Besuch der Bledower Wüste bietet sich bei einem Aufenthalt im oberschlesischen Industrierevier (siehe Kattowitz) an. Natürlich wird kaum ein Tourist ohne Not diese Region Polens zu seinem Urlaubsziel machen. Wer in der Nähe der einmaligen Wüstenlandschaft Quartier beziehen möchte, hat dazu in der benachbarten Kleinstadt **Olkusz** (30 000 Einwohner) Möglichkeit. Das *Hotel Olkusz*, ul. 1. Maja 61, ☎ 33 613 schmückt sich zurecht mit seinen zwei Sternen und verfügt auch über ein gut geführtes Restaurant. Für weitere Übernachtungsmöglichkeiten sollte man sich erkundigen beim
*PTTK-Büro*
am Markt/Rynek 20
☎ 43 42 27

## Breslau/Wrocław
Einwohner 640 000
- **Auskunft**
*PTTK*
Rynek Ratusz 11/12
(am Rathaus)
☎ 3 03 44
*Touristeninformation*
Rynek 38
☎ 44 3111
- **Unterkunft**
*Novotel*
ul. Wyscigowa 35
☎ 67 50 51
*Hotel Panorama*
pl. Dominikanski 8
☎ 44 36 81
Wenn man Gerüchten glauben darf, treffen sich hier auch die »Drahtzieher« der Autoschieberbanden. Der Parkplatz des Hotels gilt als der sicherste Polens.
*Hotel Orbis-Wrocław*
ul. Powstancow Sl. 7
☎ 61 46 51
(unpersönliches vier-Sterne-Hotel mit über 600 Betten)
*Hotel Europejski*
ul. Świerczewskiego 88
☎ 3 10 71
*Grand-Hotel*
ul. Świerczewskiego 100/102
☎ 3 60 71
(preiswertes drei-Sterne-Hotel)
➪ *Hotel Monopol*
ul. Modrzejewskiej 2
☎ 3 70 41
Dieses traditionsreiche Haus aus dem 19. Jahrhundert kann noch heute in der Innenausstattung schöne Jugendstilelemente der zwanziger Jahre vorweisen. Der großzügig verspiegelte Frühstücksraum, der Speisesaal mit dem roten Teppichboden und die Terrasse, auf der man im Sommer seine Speisen einen Blick auf die alte Oper genießen kann, vermitteln einen Eindruck der einstigen großbürgerlichen Pracht.
*Hotel Polonia*

# Breslau  Service

ul. Swierczewskiego 68
☎ 310 21
(mit Spielcasino)
*Hotel Zaułek*
ul. Odrzanska 18a
☎ 40 28 84
*Motel*
ul. Lotnicza 151
☎ 518153
*Wanderheim*
ul. Swierczewskiego 98
☎ 300 33
*Wanderheim »Schlesien«*
u. Oporowska 62
☎ 6120 61
in **Trebnitz/Trzebnica**
*Motel*
ul. Prusicka
☎ 12 00 48
in **Zopten/Sobótka**
*Wanderheim »Pod Misiem«*
ul. Mickiewicza 7/9
☎ 16 20 34

- **Privatzimmervermittlung**
*Odra-Tourist*
ul. Swierczewskiego 98
☎ 44 41 01
(gegenüber dem Bahnhof)
*Jugendherberge*
ul. Kołłolaja 20
☎ 3 88 56
*Campingplatz*
ul. Olimpijska 35
☎ 48 46 51
(Bungalowvermietung)
*Campingplatz*
ul. Na Grobli 16/18
☎ 3 44 42
(am Ufer der Oder gelegen, Bungalowvermietung)
bei **Zopten/Sobótka** *Campingplatz*
im Dorf Sulistrowice
☎ 16 22 65
(am Fuße des Zopten-Berges)

- **Restauranttips**
Die Breslauer Luxushotels verfügen über gut ausgestattete Restaurants. Im Hotel Monopol wird dem Gast statt der versprochenen Wildspezialitäten jedoch auch gewöhnliches Schweinefleisch serviert.
*Dwór Wazów*
Rynek 5
☎ 44 46 60
Ein Restaurantkomplex am Marktplatz mit dem teuren Restaurant *Królewska*

(geöffnet von 12 bis 23 Uhr) und dem weniger teuren Restaurant *Mieszczańska*
(geöffnet 9 bis 22 Uhr)
*Grunwaldzka*
pl. Grunwaldzki 6
☎ 21 98 21
*Pod Chmielem*
ul. Odrzańska 17
☎ 44 63 40
(rustikales Restaurant im Gasthausstil mit Bierausschank)
*Impuls*
pl. Bema
☎ 2112 75
*Polonez*
pl. L. Hirszwelda 16/17
☎ 6122 04
*Astoria*
ul. R. Traugutta 104
☎ 3 66 06
*Bieriozka*
ul. M. Nowotki 13
☎ 3 58 06
(russische Küche)
*Czardasz*
pl. T. Kosciuszki 20
☎ 3 65 88
(ungarische Küche)
*Saska*
ul. Z. Olszewskiego 58
☎ 48 40 12
(hier serviert man, was in Polen für deutsche Küche gehalten wird)
*Mister Beef*
ul. Pilsudskiego 56
(ein Schnellrestaurant nach Mc Donald Art)
*Klub NOT*
ul. Pilsudskiego 84
☎ 3 82 56

- **Cafés**
*Aida*
Biskupia 11
☎ 44 85 20
*Weinstube Bacchus*
Rynek 16/17
☎ 21 23 06
*Celina*
Zelazna 46
☎ 6137 52
*Grota*
ul. Szewska 44-46
☎ 44 59 11
*Teestube Herbowa*
Rynek 19
☎ 44 38 11

## Service | Breslau

Das mit Abstand berühmteste Lokal Breslaus ist seit Jahrhunderten der legendäre *Schweidnitzer Keller/Piwnica Świdnicka*. Dieser Bierkeller in dem ehemaligen Stadtkerker unter dem Rathaus wird von fast jedem Touristen besucht. Die vorherrschende Stammtischsprache ist heute wieder Deutsch.

● **Museen**
*Volkskundemuseum*
pl. Powstancöw Warszawy 5
☎ 3 88 39
(mit der umfangreichsten Sammlung mittelalterlicher schlesischer Kunst)
*Ethnografisches Museum*
Kazimierza Wlk. 35
☎ 44 33 13
*Stadthistorisches Museum*
Rynek-Ratusz
☎ 44 36 38
(im alten Rathaus)
*Architekturmuseum*
ul. Bernardynska 5
☎ 3 36 75
*Archäologisches Museum*
ul. Kazimierza Wlk. 34
☎ 44 28 20
(im rekonstruierten Schloß)
*Erzbischöfliches Museum*
ul. Kanonia 12
☎ 22 17 55
Neben zahlreichen sakralen Kunstwerken werden hier auch mittelalterliche Chroniken – u. a. das älteste in polnischer Sprache verfaßte Buch (1270) – gezeigt.
*Panoramamuseum*
ul. J. E. Purkyniego
☎ 44 23 44
Die Besichtigung des Schlachtengemäldes ist nur gruppenweise zu festgelegten Zeiten möglich. Es empfiehlt sich, rechtzeitig für einen der freien Termine die Eintrittskarte zu kaufen und in der Zwischenzeit die nahegelegene Sandinsel auf dem gegenüberliegenden Flußufer oder das benachbarte Architekturmuseum zu besuchen.

● **Unternehmungen**
Besichtigung des alten Marktes mit dem berühmten Rathaus und den angrenzenden Patrizierhäusern. Besuch der Sandinsel mit der Kirche »Maria auf dem Sande« sowie des Domes am rechten Oderufer. Diese und viele weitere Sehenswürdigkeiten befinden sich nahe beieinander im historischen Stadtkern. Ein Auto wird bei den Erkundungen eher hinderlich sein. Bei schönem Wetter bietet sich ein Besuch des Zoologischen und Botanischen Gartens an. Der Botanische Garten läßt sich von der Sandinsel aus bequem zu Fuß erreichen: Er befindet sich nur wenige Schritte vom rechten Oderufer, nahe des Doms, entfernt. Zum östlicher gelegenen Zoologischen Garten verkehren vom Zentrum aus die Autobuslinien 145, 146 und die Straßenbahnlinien 1, 2, 4 und 10.
Breslau pflegt sorgsam seinen Ruf als schlesische Kulturmetropole. Auch der Tourist kann davon profitieren. Es bietet sich ein Besuch der Philharmonie, gen. K. Świerczewskiego 5, ☎ 44 20 01, an. Auch die Operette, gen. K. Świerczewskiego 67, ☎ 3 56 52, genießt einen hervorragenden Ruf. Das Pantomimentheater hat sich internationale Anerkennung erworben. Dieses führte leider dazu, daß das Ensemble die meiste Zeit auf Gastspielreisen im Ausland unterwegs ist. Es gehört Glück dazu, eine Vorstellung in Breslau im Theater Polski, ul. G. Zapolskiej 3, ☎ 3 86 53, besuchen zu können. Opernfreunden sei eine der Klassikeraufführungen in der Opera Panstówowa, ul. Świdnicka 35, ☎ 3 07 27 empfohlen. Daneben finden häufig Kulturfestivals statt: Das internationale Jazz-Festival »Jazz an der Oder« (März), das Festival Polnischer Zeitgenössischer Theaterstücke (April), ein volkstümliches Blumenfest im Juli, das internationale Oratorien- und Kantatenfest »Wratislavia Cantans« (September).
Im Sommer bietet die »Weiße Flotte« der Oderschiffahrt Ausflugsfahrten u. a. nach **Dyhernfurth/Brzeg Dolny** an, wo ein herrlicher klassizistischer Palast zu besichtigen ist. Die Anlegestelle befindet sich an der Zwierzyniecki-

# Brieg  Service

Brücke in der Nähe des Zoos.
Ausflug nach **Trebnitz/Trzebnica** (25 km nördlich). Architekturhistorisch interessierte Besucher begeistern sich dort für die prächtige Backstein-Basilika, fromme Katholiken unternehmen eine Wallfahrt zum Grab der Heiligen Hedwig, der Schutzpatronin Schlesiens, im Zisterzienserinnen-Kloster.
Ausflug nach **Zopten/Sobótka** (33 km südwestlich) mit Besichtigung der ehemaligen heidnischen Kultstätte und dem jetzigen Kloster auf dem Zopten-Berg.
Ausflug nach **Brieg/Brzeg** (40 km südöstlich, siehe dort)

## Brieg/Brzeg
Einwohner 39 000
- **Auskunft**
*PTTK*
ul. Piastowska 2
☏ 21 00
- **Unterkunft**
*Hotel Piast*
ul. Piastowska 14
☏ 20 27/28
*Sommer-Jugendherberge*
ul. Sawickiej 26
☏ 44 89
- **Museum**
*Burgmuseum*
(umfangreiche Sammlung mittelalterlicher und barocker Kunst)
- **Unternehmungen**
Besichtigung der Piasten-Burg
Spaziergang durch den historischen Altstadtkern.
Ausflug ins rund 30 km südlich gelegene **Grottkau/Grodków**. Dort lohnt die Pfarrkirche St.Michelangelo den Besuch.

## Bunzlau/Bolesławiec
Einwohner 43 000
- **Auskunft**
*PTTK*
ul. Sierpnia 80/4
☏ 37 23
- **Unterkunft**
*Hotel Piast*
ul. Asnyka 1
☏ 32 91
*Campingplatz*
ul. II Armii WP 23
☏ 23 15

*Campingplatz* im 18 km südlich gelegen **Löwenberg/Lwówek Śląski**, Wzgórze Kombatantow
☏ 575
- **Restauranttips**
*Piast*
ul. Asnyka 1
☏ 32 91
- **Unternehmungen**
Spaziergang durch den historischen Altstadtkern.
Besichtigung einer der vielen Töpferwerkstätten
Ausflug ins 18 km südlich gelegenen **Löwenberg/Lwowek Śląski**. Große Teile einer mittelalterlichen Wehranlage sind in der 1271 gegründeten Stadt erhalten geblieben. Einer Besichtigung würdig sind zudem das gotische Rathaus und die zweitürmige, spätgotische Kirche Maria Himmelfahrt.

## Glatz/Kłodzko
Einwohner 30 000
- **Auskunft**
*PTTK*
ul. Wita Stwosza 1
☏ 37 40
- **Unterkunft**
*Hotel Astoria*
ul. Jednosci 1
☏ 30 35
*Hotel Zosia*
ul. Noworudzka 1
☏ 37 37
*Hotel Nad Młynówką*
ul. Daszynskiego 16
☏ 25 63
*Campingplatz*
ul. Sportowa 1
☏ 24 25
*Campingplatz*
ul. Nowy Świat 1
☏ 30 71
- **Restauranttip**
gutes Restaurant im Hotel Astoria
- **Museum**
*Muzeum Kłodzkie*
(Stadtmuseum)
ul. Łukasiewicza 2
- **Unternehmungen**
Spaziergang durch den historischen Altstadtkern.
Ausflug nach **Wartha/Bardo**. In dem 10 km nordöstlich gelegenen Ort erinnert eine prächtige Barock-

kirche an die Vergangenheit als Bischofssitz.
Unterirdische Routen unter den ehemaligen Festungen.
Von Glatz aus bieten sich zahlreiche Exkursionen durch den bewaldeten Talkessel an. Touristen mit reichlich Ausdauer werden ihre Freude an Wanderungen auf den Ausläufern der Sudeten haben.

## Hirschberg/Jelenia Góra
Einwohner 95 000
- **Auskunft**
*PTTK*
ul. 1. Maja 88
☎ 258 51
- **Unterkunft**
*Hotel Europa*
ul. 1. Maja 16/18
*Hotel Jelenia Góra*
ul. Świerczewskiego 63
☎ 240 81/89
*PTTK-Wanderheim*
ul. 1. Maja 88
☎ 230 59
*Wanderheim Pod Różami*
pl. Piastowski 7
☎ 514 53
*Gästehaus Sudecki*
ul. Legnicka 1
☎ 233 07
*Campingplatz*
ul. Świerczewskiego 42
☎ 269 42
*Hotel Cieplice* in dem gleichnamigen Vorort
ul. Cervii 11
☎ 510 41
- **Restauranttips**
*Dworcowa*
ul .1 Maja
(am Bahnhof)
☎ 220 68
(durchgehend geöffnet)
*Europa*
ul. 1. Maja 16/18
☎ 231 25
*Jelenia Góra*
ul. Świerczewskiego 42
☎ 240 81
*Pod Smokiem*
pl. Ratuszowy 15
- **Museen**
*Regionalmuseum*
ul. Matejki 28
☎ 234 65

*Naturkundemuseum* von Karkonowski Nationalpark
ul. Chałubińskiego 23
☎ 533 48
- **Unternehmungen**
Stadthistorischer Spaziergang durch die mittelalterliche Altstadt. Ausgedehnte Wanderungen in der Umgebung von Hirschberg. Einige Routen führen bis an die tschechische Grenze. Der bekannteste Ort davon ist **Schreiberhau/Szklarska Poręba,** ein bedeutendes Wintersportzentrum. In Schreiberhau und in einigen anderen Orten der Umgebung kann man Bleikristallmanufakturen besichtigen.
Rheumatikern und Menschen, die an Harnwegs-Erkrankungen leiden, sei der Besuch des seit Jahrhunderten berühmten Kurortes **Bad Warmbrunn/Cieplice Śląskie Zdrój** empfohlen.
Tagesausflug ins 30 km östlich gelegene **Bolkenhain/Bolków.** Hier spukt in hellen Vollmondnächten der legendäre kopflose Hofnarr durch die düsteren Gänge der gotischen Piastenburg – der ältesten Steinburg Polens. Der Sage nach soll er »versehentlich« den Lieblingssohn des Herzogs Bolesław II. mit einem Stein erschlagen haben. Zur Strafe schlug ihm der Scharfrichter mit dem Beil im Auftrag des Herzogs den Kopf von den Schultern.

## Kattowitz/Katowice und das oberschlesische Industrierevier
Einwohner 380 000 (Kattowitz)
- **Auskunft**
*Touristeninformation*
ul. Młyńska 11
☎ 539787
*PTTK*
ul. Dyrekcyjna 10
☎ 579197
in **Tarnowitz/Tarnowskie Góry**
*PTTK*
ul. Krakowska 16
☎ 85 48 58
- **Unterkunft**
*Hotel Orbis-Warszawa*
ul. Rozdzieńskiego 16
☎ 596011

**Kattowitz** Service

(vier Sterne-Hotel, 614 Betten)
*Hotel Orbis-Silesia*
ul. P. Skargi 2
☎ 596211
(vier Sterne)
*Hotel Katowice*
ul. Armii Czerwonej 9
☎ 588281
(preiswert, gutes Frühstück)
*Hotel Olimpijski*
ul. Armii Czerwonej 35
☎ 582282
(gut gepflegtes, kleines und übersichtliches Hotel)
*Hotel Senator*
ul. 1 Maja 3
☎ 586081
*Hotel Uniwersytecki*
ul. Buczka 1a
☎ 599720
*Hotel Śląski*
ul. Mariacka 15
☎ 537011
*Hotel Centralny*
ul. Dworcowa 9
☎ 539041
*Hotel Jantor*
ul. Nalkowskiej 10
☎ 597847
*Wanderheim »Gościnny«*
ul. Studencka 18
☎ 524577
*Wanderheim*
ul. Gliwicka 181
☎ 537888
*Jugendherberge*
ul. Graniczna 27a
☎ 519457
in **Gleiwitz/Gliwice**
*Jugendherberge*
(30 km westlich)
ul. Belojannisa 60
☎ 313799
*Campingplatz*
ul. Murckowska 6
☎ 518784
(einige wenige Bungalows stehen zum Verleih zur Verfügung)
*Campingplatz* in **Chorzów**
(nordwestlich von Kattowitz)
ul. Katowicka 10
☎ 413241
● **Restauranttips**
*Polonia*
ul. Kochanowskiego 5
☎ 512850
(geöffnet von 10 bis 23 Uhr)

*Silesia*
al. Korfantego 4
☎ 596211
(geöffnet von 12 bis 24 Uhr)
*Katowice*
al. Korfantego 9
☎ 587682
(geöffnet von 12 bis 4 Uhr)
*Senator*
ul. 1. Maja 3
☎ 586081
(geöffnet von 12 bis 24 Uhr)
*Warszawa*
ul. Rozdziewskiego 16
☎ 587080
(geöffnet von 12 bis 24 Uhr)
Neben diesen traditionell bekannten Restaurants entstehen gegenwärtig viele neue Spezialitätenrestaurants:
*Chińska*
ul. Stawowa 7
(chinesische Küche)
*Stygarka*
ul. Stawowa 6
*Chata*
ul. Francuska 1
*Black and White*
ul. Podgórna 4
*Celt*
ul. Mickiewicza 32
*Kornel*
ul. Wojewodzka 15
*Mandaryn*
ul. Przemysłowa 3
(chinesische Küche)
*Marcello*
ul. Chopina 8
(italienische Küche)
*Tatiana*
ul. Starowiejska 5
(russische Küche)
● **Cafés**
*Europa*
ul. Mickiewicza 8
☎ 599317
*Katowice*
ul. Armii Czerwonej 9
☎ 588281
*Kryształowa*
ul. Warszawska 5
☎ 538683
*Monopol*
ul. Dworcowa 5
☎ 538745
*Randia*
ul. 3 Maja 13

**Service** — Krakau

☎ 58 84 20
(Teestube)
- **Museen**
*Schlesisches Museum*
ul. Armii Czerwonej 8
☎ 59 92 45
*Historisches Museum*
ul. Szafranka 9
☎ 51 50 69
- **Unternehmungen**
Sowohl Kattowitz selbst als auch das gesamte oberschlesische Industrierevier bieten keine Ziele von großem touristischen Interesse. Im Nordwesten grenzt Kattowitz an den synthetischen Ort **Chorzów**. Hier wurde ein großzügiger Kultur- und Erholungspark (600 Hektar) angelegt. Wenngleich die Anlage nicht mehr im alten Glanz strahlt, so bietet sie doch immer noch vielfältige Sport- und Erholungsmöglichkeiten für Kinder und Erwachsene.
Ausflug nach **Gleiwitz/Gliwice** (30 km westlich). Die Stadt ist wegen des von den Nazis fingierten Überfalls auf den gleichnamigen Sender bekannt geworden. Dies war der äußere Anlaß für den Beginn des Zweiten Weltkrieges.
Das einzig sehenswerte Baudenkmal der Region findet der Besucher 33 Kilometer südlich von Kattowitz, nachdem er die in den fünfziger Jahren auf dem Reißbrett entworfene Stadt **Tychy** durchquert hat in **Pszczyna**: Das stattliche Barockschloß neben dem Marktplatz geht auf das Jahr 1743 zurück und zeigt noch gotische Elemente. Heute ist in dem Gebäude ein Museum für Innenarchitektur mit einer umfangreichen Sammlung untergebracht.
Ausflug in die am nordöstlichen Rand des oberschlesischen Industriereviers gelegene **Blędower Wüste/Pustynia Błędowska** (siehe dort).

## Krakau/Kraków
Einwohner 750 000
- **Auskunft**
*PTTK*
ul. Potockiego 5
☎ 22 20 94

*Städtische Touristeninformation*
ul. Pawia 6
☎ 22 04 71
- **Unterkunft**
*Hotel Orbis-Forum*
ul. Konopnickiej 28
☎ 66 95 00
Bei diesem großzügig ausgestatteten Vier-Sterne-Hotel läßt sich deutlich das Bemühen der Architekten erkennen, um jeden Preis modern zu sein. Der Bau am rechten Weichselufer – südlich des Wawelberges – stellt einen städtebaulichen Mißklang dar.
*Hotel Orbis-Cracovia*
al. Marsz. Ferdinanda Focha 1
☎ 22 86 66
(vier-Sterne-Hochhaushotel in Altstadtnähe)
◇ *Hotel Orbis-Francuski*
ul. Pijarska 13
☎ 22 51 22
Von den relativ teuren Orbis-Hotels in Krakau bietet sich dieses Haus vom Preis-Leistungs-Verhältnis am ehesten an. Es zeigt sich nach seiner Renovierung im Jahre 1991 wieder in der großbürgerlichen Pracht seines Eröffnungsjahres 1912.
*Grand-Hotel*
ul. Sławkowska 5/7
☎ 21 72 55
(günstige Lage in der Altstadt)
*Hotel Holiday-Inn*
ul. Koniewa 7
☎ 37 50 44
(etwas außerhalb westlich des Zentrums gelegen, meistens von Pauschaltouristen belegt)
*Hotel Wanda*
ul. Koniewa 9
☎ 37 16 77
(Flachbau, versteckt hinter dem großen vierstöckigen Gebäude des Holiday-Inn)
*Hotel Korona*
ul. Pstrowskiego 9
☎ 66 65 11
*Hotel Monopol*
ul. Warynskiego 6
☎ 22 76 66
*Hotel Polski*
ul. Pijarska 17
☎ 22 11 44
◇ *Hotel Pod Kopcem*

**Krakau** Service

al. Waszyngtona
☏ 22 03 55
In diesem Haus bietet sich die stilvollste Möglichkeit an, in Krakau zu übernachten. Das Haus stammt aus dem 19. Jahrhundert und liegt auf einem bewaldeten Hügel über der Stadt. Für den herrlichen Ausblick und das gediegene Interieur werden jedoch hohe Preise verlangt.
*Hotel Pod Różą*
ul. Florianska 14
☏ 22 12 44
(in der Altstadt, fünf Minuten vom Hauptmarkt/Rynek Główny gelegen)
*Hotel Royal*
ul. Waryńskiego 26
☏ 21 35 00
*Hotel Europejski*
ul. Lubicz 5
☏ 22 09 11
(schlicht ausgestattetes Haus am Bahnhof mit unangemessenen Preisen)
*Hotel Pollera*
ul. Szpitalna 30
(Ecke ul. Św. Marka)
☏ 22 10 44
(von den Altstadthotels das preiswerteste, obwohl auch nicht ganz billig)
*Motel Krak*
ul. Radzikowskiego 99
37 21 22
(direkt an der Europastraße 40 gelegen im Norden der Stadt)
*Wanderheim*
ul. Westerplatte 15/16
☏ 22 95 66
*Privatzimmervermittlung*
ul. Pawia 8
☏ 22 60 91
*Jugendherberge*
ul. Oleandry 4
☏ 33 88 22
*Jugendherberge*
ul. Kościuszki 88
☏ 22 19 51
*Sommer-Jugendherberge*
ul. Złotej Kielni 1
☏ 37 24 41
*Campingplätze:*
*Krak-Camping*
ul. Radzikowskiego 99
☏ 37 21 22

*Krakowianka*
ul. Żywiecka Boczna 4
☏ 66 41 91
(Bungalowvermietung)
*Ogrodowy*
ul. Królowej Jadwigi 223
☏ 22 20 11
(Bungalowvermietung)
● **Restauranttips**
*Almayer*
Rynek Główny 30
☏ 22 32 24
(geöffnet 14 bis 24 Uhr) (chinesische Küche)
*Kurza Stopka*
al. Wszystkich Świętych 10
☏ 22 91 96
(geöffnet 9 bis 22 Uhr)
✧ *Balaton*
ul. Grodzka 37
☏ 22 04 68
(ungarische Küche der Spitzenklasse, geöffnet 9 bis 22 Uhr)
✧ *Staropolska*
ul. Sienna 4
☏ 22 58 21
(sehr gute altpolnische Küche, geöffnet 9 bis 22 Uhr)
*Pod Różą*
ul. Florianska 14
(im Hotel)
☏ 22 14 44
(geöffnet 7 bis 22 Uhr)
✧ *Wierzynek*
Rynek Główny 15
☏ 22 98 94
(eines der berühmtesten Restaurants Polens, Cafe und Metstube, geöffnet 12 bis 23 Uhr, Tischbestellung erforderlich)
*Warszawianka*
ul. Dunajewskiego 4
☏ 22 67 33
(geöffnet 8 bis 20 Uhr, Diätküche)
*Holiday*
ul. Armii Krajowej 7
(im Hotel)
☏ 37 00 72
(geöffnet 13 bis 24 Uhr)
*Brylant*
ul. Noskowsk 5
☏ 21 77 55
(geöffnet 13 bis 24 Uhr)
*Orbis*
ul. Wrocławska 78
☏ 33 55 38
(geöffnet 12 bis 22 Uhr)

**Service** — **Krakau**

*Poller*
ul. Szpitalna 30
☎ 221044
(geöffnet 7 bis 23 Uhr, polnische Spezialitäten)
*Ermitage*
ul. Karmelicka 3
☎ 227724
(russische Küche)
*Żywiec*
ul. Floriańska 19
Ein rustikales Bierlokal – hier wird das berühmte Bier aus Seybusch/Żywiec ausgeschenkt – mit deftiger Küche zu günstigen Preisen.
*Chinatown*
ul. Niecki 1a
(chinesisches Restaurant, geöffnet 11 bis 20 Uhr)

● **Cafés**
*Alvorada*
Rynek Główny 31
Ein beliebtes Touristen-Café. Der Kaffee gilt bei den Einheimischen als der beste Krakaus.
*Europejska*
Rynek Główny 34
*Feniks*
ul. Sw. Jana 2
⇨ *Jama Michalikowa*
ul. Floriańska 45
Das traditionsreichste Café der Stadt: In den eleganten Räumen trafen sich seit Anfang des Jahrhunderts die berühmten Krakauer Dichter und Intellektuellen. Auch heute noch strahlt die Einrichtung im Stil der Jahrhundertwende einen weltstädtischen Flair aus.
*Krzysztofory*
ul. Szczepańska 3
*Literacka*
ul. Pijarska 7
*U Zalipianek*
ul. Szewska 24
Hier kann man im Sommer besonders angenehm auf der vom Park umgebenen Terrasse Kaffee trinken und Eis essen.

● **Museen**
*Staatliche Kunstsammlung* auf dem Wawel
Wawel 5
☎225155
*Nationalmuseum* neues Gebäude
al. 3. Maja 1
☎ 343377
Hier befindet sich die Galerie der Polnischen Kunst des 20. Jahrhunderts.
*Nationalmuseum* im Obergeschoß der Tuchhallen
Rynek Główny
☎ 221166
Hier befindet sich die Galerie der Polnischen Kunst des 19. Jahrhunderts.
*Stanislaw Wyspiański-Museum*
ul. Kanonicza 9
☎ 343377
Eine Sammlung, die dem berühmten Maler und Dramatiker gewidmet ist. Wyspiański gilt als Begründer der polnischen Romantik.
*Archäologisches Museum*
ul. Poselska 3
☎ 227760
*Naturwissenschaftliches Museum*
ul. Sławkowska 17
☎ 225959
*Regionalmuseum*
ul. K. Tetmajera 28
☎ 370750
*Ethnografisches Museum*
pl. Wolnica 1
☎ 663975
*Historisches Museum*
der Stadt Krakau
Rynek Główny 35
*Alte Synagoge* in der ehemaligen Judenstadt Kazimierz
ul. Szeroka 24
☎ 660544

● **Unternehmungen**
Besichtigung der Altstadt und des Wawelhügels.
Besuch der ehemals jüdischen Vorstadt Kazimierz.
Ausflug ins 9 km westlich gelegene Städtchen **Tyniec.** Hier ragt der Komplex des Benediktiner-Klosters auf dem 40 m hohen Kalksteinufer über die Weichsel. Die im Jahre 1044 gegründete Abtei erwies sich bei archäologischen Forschungen als eine Schatzkammer früher Sakralkunst. Im Juli und August werden in dem Kloster regelmäßig Orgelkonzerte veranstaltet. Autofahrer haben die Möglichkeit, den Ausflug abwechslungsreich zu gestalten, denn in Tyniec verkehrt eine Fähre über die Weichsel. Auf dem Rückweg nach Krakau kann

damit eine andere Route genommen werden als auf dem Hinweg. Ausflug in das 15 km südöstlich gelegene Städtchen **Wieliczka**. Hier ist das fast 1000 Jahre alte Salzbergwerk eine Touristenattraktion. Der Ort ist mit der S-Bahn oder dem Autobus von Krakau aus günstig zu erreichen. Vom S-Bahnhof aus folge man den Hinweisschildern »Do Kopalni« (zum Bergwerk) oder einfach den Touristengruppen. Eine Besichtigung ist nur innerhalb einer geführten Gruppe möglich und dauert gut zwei Stunden.

Ausflug nach **Ojców** und **Pieskowa Skała.** Nordöstlich Krakaus erstreckt sich rechts der Europastraße 40 der **Ojcowski-Nationalpark.** In dem 16 Quadratkilometer großen Gebiet kann man auf ausgeschilderten Wanderwegen, die man nicht verlassen darf, viele romantische Schluchten, Höhlen und Grotten erkunden. Der Ort Ojców selbst ist Ausgangspunkt der Wanderwege und liegt 22 km von Krakau entfernt. Von seiner einst prächtigen Königsburg aus dem 14. Jahrhundert zeigt er nur noch die romantisch auf einem Felsen erhaltenen Ruinen. Anders jedoch 9 km weiter östlich, am anderen Rande des Nationalparks: In Pieskowa Skała ist die Königsburg, ebenfalls auf einem Felsen und aus dem 14. Jahrhundert, erhalten geblieben. Im 16. Jahrhundert wurde die Burg in eine prächtige Renaissance-Residenz mit malerischem Arkadenhof umgestaltet. In einem Teil der Burg ist ein Museum untergebracht. Beide Orte lassen sich von Krakau aus sehr günstig mit dem Linienbus nach Olkusz erreichen.

Fahrt nach **Auschwitz/Oświęcim** (siehe dort).

# Krummhübel/Karpacz und das Riesengebirge/ Karkonosze

Einwohner 5000
● **Auskunft**
*PTTK*
ul. 1. Maja 8
☎ 193 16

● **Unterkunft**
*Hotel Orbis-Skalny*
ul. Obronców 5
☎ 197 21
(das beste und teuerste Hotel am Ort)
*Hotel Zielone Wzgórze*
ul. Poznańska 5/6
☎ 194 10
(einfaches Hotel ohne Restauration)
*Pension Karolinka*
ul. Linowa 36
☎ 198 66
*Pension Daglezja*
ul. Świerkowa 9
☎ 192 73
Familienpension in ruhiger und sonniger Lage, in einer Höhe von 730 Metern. Gute heimische Küche, Halbpension möglich.
*Pension Na Stoku*
ul. M. Buczka 4,
☎ 195 14
Familienpension am Waldrand. Ideal für Familien mit Kindern. Gute Küche, Halbpension möglich.
*Pension U Janusza*
ul. M. Skłodowskiej 7 a
(kleine Pension, einfacher Komfort)
*Pension CIS*
ul. Reymonta 1
Einfache Pension, Halbpension möglich, ruhige waldreiche Lage.
*Pension Poręba*
ul. Skalna 5
☎ 194 40
Gemütliches Haus, moderne Doppelzimmer mit Dusche, Halbpension.
*Wanderheim »Biały Jar«*
ul. 1 Maja 79
☎ 193 19
*PTTK-Berghütte »Samotnia«*
☎ 193 76
*PTTK-Berghütte »Akademicka«*
☎ 193 17
*Jugendherberge »Liczyrzepa«*
ul. Gimnazjalna 9
☎ 192 90
*Campingplatz*
ul. 1. Maja 8
☎ 193 16

● **Restauranttips**
Das Hotelrestaurant im Orbis-Skalny ist vorzüglich, aber auch die meisten Pensionen sowie das Wan-

## Krummhübel

derheim Bialy Jar bieten gute heimische Küche.
*Orlinek*
ul. Olimpijska 9
☎ 548
● **Museum**
*Museum für Sport und Touristik*
ul. Kopernika 2
● **Unternehmungen**
Wanderungen, die auf gut ausgeschilderten Routen nicht nur zur Schneekoppe führen, sondern auch weniger überlaufene Gebiete des Riesengebirges erschließen, bieten sich im Sommer an.

Der Wanderer sollte sich darüber im Klaren sein, daß sich die Temperatur mit zunehmender Höhe stark ändert. Auch wenn in Krummhübel sommerliches Wetter herrscht, ist warme Kleidung beim Aufstieg angeraten. Die größten Niederschläge gehen im Juli und Anfang August nieder. In der Zeit zwischen Februar und März regnet es dagegen sehr selten, die Sichtverhältnisse sind dann besonders gut.

Charakteristisch für die Sudeten ist der warme Föhnwind. Die von Süden kommenden feuchtwarmen Luftmassen werden gezwungen, sich über den Kamm der Sudeten zu erheben, wobei sie sich besonders an der Schneekoppe verdichten, abkühlen und abregnen. Nach der Überwindung des Bergmassivs fällt die Luft auf der nördlichen Seite mit einer Geschwindigkeit von bis zu 60 Metern pro Sekunde herab. Der Luftdruck kann sich durch den Föhn daher rasch ändern. Menschen mit Herz- und Kreislaufproblemen reagieren darauf empfindlich.

Ausflüge nach **Hirschberg/Jelenia Góra** (siehe dort) und **Schreiberhau/Szklarska Poręba**, das ebenfalls als beliebtes Erholungszentrum bekannt ist.

In den Wintermonaten stellt Krummhübel seinen guten Ruf als Wintersportzentrum unter Beweis. Zur Verfügung stehen Skilifte für alpinen Abfahrtslauf, ca. 50 km Ski-Langlaufloipen sowie eine 70-Meter-Sprungschanze.

Ungeübte Wintersportler können sich der Dienste diverser Skilehrer bedienen. Neben dem Fremdenverkehrsamt vermitteln fast alle Hotels und Pensionen Skilehrer und Bergführer. Wer jedoch gezielt nach einem Spezialisten sucht, kann sich an die PTTK-Bergführerschule, ul.Obrońców 6a, ☎ 711, wenden. Diese Bergführerschule bietet auch fertig ausgearbeitete Gruppen-Arrangements an, von denen sicher die mehrtägige winterliche Bergwanderung mit Übernachtung im Schnee unter freiem Himmel die abenteuerlichste ist.

## Liegnitz/Legnica
Einwohner 110 000
● **Auskunft**
*PTTK*
Rynek 27
☎ 2 67 44
(am alten Markt)
● **Unterkunft**
*Hotel Cuprum*
ul. Skarbowa 7
☎ 2 85 44
*Wanderheim Wycieczkowy*
ul. 8 Lutego
☎ 2 16 70
*Campingplatz*
in Wahlstatt/Legnickie Pole
(9 km südöstlich)
ul. Henryka Brodatego 7
☎ 8 23 97
*Jugendherberge*
ul. Jordana 17
☎ 2 54 12
*Sommer-Jugendherberge*
in Wahlstatt/Legnickie Pole
☎ 8 23 15
(nur vom 4. 7. bis 25. 8. geöffnet).
● **Restauranttips**
*Restaurant im Hotel Cuprum*
(schmackhafte polnische Küche)
● **Museum**
Eine Touristenattraktion eigenwilliger Art stellt das 1963 eingerichtete *Kupfermuseum* dar. Es ist in dem spätbarocken Schloß der Äbte, ul. Św. Jana 1, in der Nähe der Johanniskirche, untergebracht. In Liegnitz wurde nach dem Krieg eine große Kupferhütte in Betrieb genommen. Das Museum zeigt aber nicht nur Exponate der jüngeren Industriegeschichte, sondern

bietet auch einen Einblick in die Anfänge des Abbaus von Kupfererzen.
- **Unternehmungen**
Besuch des Schauplatzes der Schlacht gegen die Mongolen (1241) in **Wahlstatt/Legnickie Pole** (9 km südöstlich).
Ausflug nach **Haynau/Chojnów** (20 km nordwestlich). Preußenkönig Friedrich III. ließ sich hier in der Zeit seiner Herrschaft über Schlesien ein prächtiges Renaissance-Schloß bauen. Heute birgt es ein Museum.
Im 15 km südwestlich gelegenen **Złotoryja** kann man sich über die Gewinnung von Gold informieren. Im Mittelalter war der Ort eine Goldgräbersiedlung und lockte tausende von Menschen an. Der Goldsand wurde aus einer Ader gefördert und in Pfannen ausgewaschen.

## Neisse/Nysa

Einwohner 46000
- **Auskunft**
*PTTK*
ul. Bracka 4
☏ 41 71
in **Patschkau/Paczków:**
*PTTK*
Rynek 14
☏ 211
- **Unterkunft**
*Hotel Piast*
ul. Krzywoustego 15
☏ 40 84
*Hotel Lazurowy*
ul. Otmuchowska
☏ 40 77
*Wanderheim*
ul. Świerczewskiego 42
☏ 21 35
*Jugendherberge*
ul. Boh. Warszawy 7
☏ 48 300
An den Stauseen westlich von Neisse wurden zwei sehr schöne *Campingplätze* direkt am Ufer angelegt.
in **Patschkau/Paczków:**
*Hotel Zacisze*
ul. Wojska Polskiego 31
☏ 62 77
*Jugendherberge*
ul. Kołłątaja 9
☏ 64 41
*Campingplatz*
ul. Jagiellońska 8
☏ 65 09
(mit Bungalowvermietung)
- **Restauranttip**
Restaurant mit polnischer Küche im Hotel Piast
- **Museum**
*Regionalmuseum*
ul. Marcinkowskiego 1
- **Unternehmungen**
Stadthistorischer Rundgang mit Besichtigung der berühmten Sakralbauten.
Ausflug nach **Patschkau/Paczków** (22 km westlich), dort gut erhaltene Stadtbefestigungsanlagen und Wehrkirche.
Auf halbem Wege nach Patschkau trifft man auf **Ottmachau/Otmuchów**. Die am Ufer eines Stausees der Glatzer Neisse gelegene Kleinstadt zeigt neben der obligatorischen Pfarrkirche ein besonders schön gestaltetes Rathaus. Die Rathausfassade ist in kunstvoller Kratzputz- (Sgraffito-) Technik verziert.
Erholsame Ausflüge an die Stauseen der Glatzer Neisse, deren Ufer zu einem großen Teil touristisch erschlossen sind.

## Neusandez/Nowy Sącz und die Beskiden

Einwohner 72000 (Neusandez)
- **Auskunft**
*PTTK Beskid*
Nowy Sącz
☏ 214 03
*it*
ul. Długosza 21
☏ 237 24
- **Unterkunft**
*Hotel Orbis-Beskid*
ul. Limanowskiego 1
☏ 207 70
*Hotel Panorama*
ul. Romanowskiego 4a
☏ 200 00
*Pension Sądecki*
ul. Królowej Jadwigi 67
☏ 267 17
*Campingplatz*
ul. Jamnicka 2
☏ 227 23

**Service** Oppeln

*Campingplatz*
in Altsandez/Stary Sącz
ul. Byłych Więźniów Politycznych
☏ 61197
(mit Bungalowvermietung)
- **Restauranttips**
Zu dem Restaurant im Hotel Panorama besteht bislang leider außer dem vornehmen Staropolska, am Markt/Rynek 28, noch keine Alternative, falls man nicht auf eine der in diesem Ort noch zahlreich übrig gebliebenen »Milchbars« zurückgreifen will. Es ist damit zu rechnen, daß die Welle der privaten Restaurantgründungen, die in Schlesien schon so viele erfreuliche Ergebnisse zeigte, jetzt auch auf die östlicheren Landesteile Südpolens übergreift.
- **Museen**
*Regionalmuseum*
ul. Lwowska 3
(in der Nähe des Marktplatzes).
Die besondere Attraktion dieses Museums ist die reichhaltige Sammlung griechisch-orthodoxer Sakralkunst.
- **Unternehmungen**
Neusandez selbst bietet dem Touristen wenig. In dem angrenzenden Nachbarort **Altsandez/Stary Sącz**, der wie der Name vermuten läßt, einige Jahre älter als das 1292 gegründete Neusandez ist, gestaltet sich der Aufenthalt angenehmer und erholsamer. Dort wurde auch der mittelalterliche Stadtkern zu großen Teilen bewahrt.
Ein anderer »Vorort« von Neusandez ist sehr viel populärer: Der 45 km südlich gelegene **Krynica** verdankt seinen Ruhm den schon im 18. Jahrhundert entdeckten Heilquellen. Der Kurbetrieb läuft das ganze Jahr hindurch, denn im Winter bietet die Umgebung gute Wintersportmöglichkeiten. Die Anwendungen der unterschiedlichen Quellen lindern besonders Kreislauf- und Harnwegserkrankungen. Die Situation des einst als »Perle der polnischen Kurorte« gerühmten Krynica ist gegenwärtig unklar. Seit der Wende stehen viele der Betriebskurheime leer. Weiterhin populär jedoch sind die alljährlich im September stattfindenden Jan-Kiepura-Festwochen. Sie erinnern an den 1966 verstorbenen Opernstar, der sich gern und regelmäßig in seiner Wahlheimat Krynica behandeln ließ.
Die in Richtung Osten immer einsamer werdenden **Beskiden** ziehen zusehends naturverbundene Urlauber an. Auch in Westeuropa ist dieser urwüchsige Landstrich mittlerweile kein Geheimtip mehr. Je weiter der Reisende in den südöstlichen Zipfel Polens vordringt desto intensiver wird sein Kontakt zur Natur. Von **Solina** aus lassen sich herrliche Wanderungen unternehmen, sofern man umsichtig plant und sich darauf einstellt, auch mehrere Tage ohne die Vorteile der Zivilisation auskommen zu müssen. In **Solina** wurde an dem Stausee eine großzügige Ferienanlage angelegt. Zwei Campingplätze bieten den Wanderern Übernachtungsmöglichkeiten:
Campingplatz »Energetyk«, ☏ 33, und Campingplatz »Jawor«, ☏ 21.
Darüberhinaus stehen als weitere Übernachtungsmöglichkeit insgesamt fünf Wanderheime zur Verfügung.
Zu den größten Touristenattraktionen Polens gehört eine Dunajec-Floßfahrt auf dem Pieniny-Durchbruch (einer der interessantesten Flußdurchbrüche Europas). Dabei lernt man das Landschaftsbild des Pieniny-Nationalparks am besten kennen. Die Fahrt dauert drei Stunden und beginnt in **Sromowce Wyżne** (an der Grenze zur Tschechoslowakei).

# Oppeln/Opole
Einwohner 130 000
- **Auskunft**
*PTTK*
ul. Krakowska 15
☏ 35113
*Örtliche Touristeninformation*
ul. Książąt Oposkich 22
☏ 35480
- **Unterkunft**
*Hotel Opole*
ul. Krakowska 59
☏ 38651

# Oppeln   Service

(achtstöckiges unpersönliches Hochhaushotel)
*Hotel Olimpijski*
ul. Oleska 86
☎ 26011
*Hotel Zajazd Kasztelański*
ul. Koszyka 29
☎ 743028
*Wanderheim Toropol*
u. Barlickiego 13
☎ 36691
*Sommer-Jugendherberge*
ul. Struga 16
☎ 45073
geöffnet nur vom 5. Juli bis 25. August)
*Campingmöglichkeiten* am Turawskie-Stausee (siehe Unternehmungen)
● **Restauranttips**
*Bielgorod*
ul. Kościuszki 3
☎ 36981
(schlesische Küche)
*Czardasz*
ul. Ozimska 63
☎ 39645
(ungarische Küche)
*Karczma Słupska*
ul. Książąt Opolskich 6
☎ 33646
(folkloristisches Restaurant, polnische Küche, Spezialität Eisbein)
*Europa*
pl. Wolności 1
☎ 30047
● **Café**
*Kawiarna Teatralna*
ul. Krakowska 35
(große Auswahl an Eisspezialitäten)
*Melba,* Rynek 22 (Eis)
*Pod Arkadami,* Rynek 26
*Hanka,* pl. H. Sawickiej 5
*Klubowa,* ul. Katowicka 50
(Literaturcafé)
● **Museen**
*Schlesisches Regionalmuseum*
Mały Rynek 7 ☎ 33677
(am kleinen Markt in dem Gebäude des ehemaligen Jesuitenkollegs).
● **Unternehmungen**
Stadthistorischer Rundgang mit Besichtigung der Kathedrale und der Franziskanerkirche.
Besuch des Freilichtmuseums im nordwestlichen Stadtteil Bierkowice ul. Wrocławska ☎ 743021.

Dieses Museum direkt an der Europastraße 40 in Richtung Breslau gelegen zeigt auf einer Fläche von zehn Hektar Gebäude schlesischer Dorfarchitektur. Die meisten Objekte stammen aus dem 18. Jahrhundert.
Naturverbundene Touristen besuchen den 15 km nordöstlich gelegenen Turawskie-See, einen Stausee des Malapane/Mała Panew-Flusses. Der gepflegte Strand und das Wassersportzentrum umgeben von Wäldern haben den See zum beliebtesten Ausflugsziel der Oppelner gemacht.
Hier wurden auch zwei Campingplätze direkt am See angelegt.
Ausflug nach **Niemodlin.** Dort lohnt die Besichtigung der Piasten-Burg.
Ausflug ins 42 km entfernte **Brieg/Brzeg** (siehe dort)
Ende Juni findet in Oppeln auf der Freilichtbühne der Oderinsel Pasieka alljährlich das in Polen populäre Schlagerfestival statt.

## Rzeszów und Łańcut
Einwohner 145000 (Rzeszów)
15000 (Lancut)
● **Auskunft**
in **Rzeszów:**
*PTTK*
ul. Matejki 2
☎ 36755
*Städtische Touristeninformation*
ul. Asnyka 10
in **Łańcut:**
*PTTK*
ul. Jana z Łańcuta
☎ 3184
● **Unterkunft**
in **Rzeszów:**
*Hotel Rzeszów*
ul. 22 Lipca 2
☎ 37441
(drei-Sterne-Hotel mit Restaurant)
*Hotel Polonia*
ul. Grottgera 16
☎ 32061
*Hotel Sportowy*
ul. Turkienicza 23a
☎ 34077
*Hotel Dymarka*
ul. Dąbrówki
☎ 3281

## Service — Rzesów und Łańcut

*PTTK-Unterkunft*
ul. Kilińskiego 6
☎ 3 56 76
*Jugendherberge*
Rynek 25
(am Marktplatz)
☎ 3 44 30
*Campingplatz in* **Przeworsk**
ul. Łańcucka 2
☎ 20 50
(36 km östlich an der E 40, mit Bungalowvermietung). Der *Campingplatz* stellt eine Kuriosität dar, denn er befindet sich auf dem Gelände eines Freilichtmuseums. Dieses Museum dokumentiert die Bauweise der Skansen, eines hier ursprünglich beheimateten slawischen Stammes.
in **Łańcut**
↳ *Hotel Zamkowy*
ul. Zamkowa 1
☎ 2 26 71
Im einem Flügel des Schlosses läßt sich – falls ein Zimmer frei sein sollte – so stilvoll wie sonst kaum im polnischen Südosten übernachten. Allerdings verfügen einige Zimmer nicht über ein eigenes Bad.
*PTTK-Wanderheim*
ul. Dominikańska 1
☎ 2 45 12

● **Restauranttips**
in **Rzesów:**
*Rzeszowska*
ul. Kosciuszki 9
(ostpolnische Spezialitäten, gebratene Gans)
in **Łańcut**
↳ In dem *Restaurant Zamkowa* am Schloß werden die Touristen nicht mit Durchschnittsküche zu überhöhten Preisen übervorteilt, wie es in der Nähe anderer Touristenattraktionen oft der Fall ist. Vielmehr lohnt ein Besuch des Schlosses schon wegen der Spezialitäten dieses Hauses. Sie zeichnen sich durch eine raffinierte Verwendung von Sahne und anderen Molkereiprodukten aus. Legendär ist das Quarkomelett mit Schokolade.

● **Café**
in **Rzesów:**
*Hortex*
ul. Słowackiego 18
(in der Altstadt, bekannt für guten und frischen Kuchen)

● **Museen**
in **Rzesów:**
*Bezirksmuseum*
ul. 3. Maja
(in dem barocken Piaristenkloster aus dem Jahre 1642) Hier wird eine ebenso umfangreiche wie farbenprächtige ethnografische Sammlung präsentiert: Volkstrachten, bildhauerische Arbeiten und Keramiken geben einen guten Einblick in die Tradition des eigenständigen kunsthandwerklichen Schaffens der Region.
in **Łańcut:**
*Museum der Innenarchitektur* im Schloß. Fast die gesamte Einrichtung des Schlosses wurde im Jahre 1944 von den letzten Schloßherren Alfred Potocki bei seiner Flucht in die Schweiz mitgenommen. Sie füllte elf Eisenbahnwaggons. Aus allen Teilen des Landes beschafften die Denkmalpfleger Kunst- und Einrichtungsgegenstände, um das Innere des Palastes in alter Pracht erstrahlen zu lassen.
Das *Kutschenmuseum,* untergebracht in einem Gebäude im Schloßpark, zeigt über 50 historische Exponate, vorwiegend aus dem 18. Jahrhundert. Leider sind Schloß- und Kutschenmuseum nicht nur montags, sondern auch dienstag und zeitweise an Nachmittagen geschlossen.

● **Unternehmungen**
Stadthistorischer Spaziergang durch die zum Zeitpunkt des Erscheinens dieses Reisebegleiters hoffentlich restaurierte Altstadt von Rzesów.
Besuch des Schlosses und des Kutschenmuseums in Łańcut.
Jährlich im Mai finden im Schloß Łańcut die Tage der Kammermusik statt. Das Festival ist bei Musikexperten über Polen hinaus berühmt. Ausflüge in die Dörfer der Umgebung, in denen sich die Volkskunst bis heute erhalten hat. **Medynia** und **Zalesie** gelten als die Zentren der volkstümlichen Töpferei.
In den kleineren Städten um Rzesów, wie **Sokołow, Kolbuszowa**

Schweidnitz und Kreisau — Service

und **Strzyżów** haben sich die traditionellen Landesjahrmärkte noch erhalten, auf denen man immer noch authentische Erzeugnisse des ländlichen Kunstgewerbes kaufen kann. Ausflug nach **Jarosław** (45 km östlich) an der Europastraße 40. Die Stadt liegt auf dem hohen Ufer des Sahn. Gründlich rekonstruiert hat man die historische Innenstadt, deren interessanteste Teile sich jedoch unter der Erde befinden: Über mehrere Stockwerke erstrecken sich die Kellergeschosse in die Tiefe. Sie sind mit Einschränkungen zur Besichtigung freigegeben.

Wem der Besuch eines neben Lancut ähnlich berühmten Schlosses eine längere Autofahrt wert ist (90 km östlich), dem sei der kleine Ort **Krasiczyn** direkt bei **Przemyśl** an der weißrussischen Grenze empfohlen. Der Grenzort Przemyśl ist ohne jeden touristischen Reiz und verbreitet oft genug die Atmosphäre eines Flüchtlingslagers. Hier enden viele Züge mit Reisenden, die den schwierigen Verhältnissen ihrer ehemals sowjetischen Heimatländer entfliehen wollen. Der Gegensatz zu dem herrlichen Renaissance-Schloß in Krasiczyn, das eine fast unwirklich verspielte Architektur zeigt, könnte größer nicht sein.

Die Lage des Palastes in einem malerischen Landschaftspark, dessen Rankpflanzen sich auch an den Schloßmauern emporwinden, versetzt den Besucher in eine Dornröschenwelt.

## Schweidnitz/Świdnica und Kreisau/Krzyżowa
Einwohner 70 000
- **Auskunft**
  *PTTK*
  ul. Trybunalska 1
  ☎ 2 45 60
- **Unterkunft**
  *Wanderheim Piast*
  ul. K. Marksa 11
  ☎ 52 30 76
  *Wanderheim Witoszówka*
  ul. Polna Droga 9
  ☎ 2 54 32

- **Restauranttips**
  Die *Wanderheime* verfügen über eine solide, jedoch einfache Küche.
- **Museum**
  *Museum der Handelsgeschichte*
  im alten Rathaus, Rynek 1
- **Unternehmungen**
  Besuch des Gutes **Kreisau/Krzyżowa**, bekannt durch den »Kreisauer Kreis«, der Widerstandsgruppe gegen Hitler. Im wiederaufgebauten Gutshaus eine Ausstellung zum deutsch-polnischen Verhältnis.
  Ausflug nach Waldenburg und Fürstenstein (siehe dort)

## Tarnów
Einwohner 125 000
- **Auskunft**
  *PTTK*
  ul. Kwiatkowskiego 18
  ☎ 37 39 35
- **Unterkunft**
  *Hotel Tarnovia*
  ul. Kosciuszki 10
  ☎ 2 12 6 71
  *Hotel Polonia*
  ul. Wałowa 21
  ☎ 2 20 8 42
  *Pension Pod Dębem*
  ul. H. Marusarza 9 b
  ☎ 2 10 0 20
  *PTTK-Wanderheim*
  ul. Żydowska 16
  ☎ 2 16 2 29
  *Jugendherberge*
  ul. Konarskiego 17
  ☎ 2 16 9 16
  *Campingplatz*
  ul. Krasickiego 4
  ☎ 2 15 1 24
- **Restauranttips**
  In den Hotels Tarnovia und Polonia kann man in den hauseigenen Restaurants auch noch spätabends eine solide warme polnische Mahlzeit bekommen. Das PTTK-Wanderheim bietet einen guten Mittagstisch zu erstaunlich günstigen Preisen an. Die Welle der gastronomischen Neugründungen ist bislang leider noch nicht bis nach Tarnów vorgedrungen.
- **Museum**
  *Stadtgeschichtliches Museum*
  im alten Rathaus, Rynek 1

**Service** — Tschenstochau

- **Unternehmungen**
  Neben dem Besuch des alten Stadtkerns bietet sich eine Wanderung zur Burgruine auf den **Berg des Heiligen Martin/Góra Sw. Marcina** an.
  Ausflug in das Dorf **Zalipie** (30 km nörlich). Der Ort ist ein traditionelles Zentrum der Volkskunst mit Bauernhäusern, deren Wände innen wie außen reich mit farbenfrohen Malereien geschmückt sind.

## Tschenstochau/ Częstochowa
Einwohner 260 000
- **Auskunft**
  *Zentrum für Touristeninformation*
  ul. Nowowiejskiego 3
  ☏ 4 76 37
  *PTTK*
  al. Najświetsej Marii Panny 65
  ☏ 4 13 60
- **Unterkunft**
  *Hotel Orbis-Patria*
  ul. Starucha 2
  ☏ 4 70 01
  Dieses Hotel am Fuße des Klosterberges ist gegenwärtig noch das einzige Haus der ganzen Stadt, das über westlichen Komfort verfügt. Die Preise sind wegen dieser Monopolstellung unangemessen hoch.
  *Orbis-Motel*
  al. Wojska Polskiego 281–287
  ☏ 5 56 07
  *Turysta-Motel*
  ul. Makuszyńskiego 58
  ☏ 5 22 36
  *Motel des polnischen Automobilklubs* (PZM)
  al. Wojska Polskiego 181
  ☏ 3 26 61
  *Pernik*
  św. Rocha 224
  ☏ 5 55 15
  *Pension Skałka*
  al. Wojska Polskiego 82
  ☏ 3 24 08
  *Jugendherberge*
  ul. Wacławy Marek 12
  ☏ 3 12 96
  *Sommer-Jugendherberge*
  ul. Powstańców Warszawy 144
  ☏ 7 92 50
  *Haus des Pilgers*
  ul. Kardynała Wyszyńskiego 1/31
  Das Haus ist für alle offen, doch meist von Pilgergruppen belegt.
  *Campingplatz*
  ul. Oleńki 10/30
  ☏ 4 74 95
  (in der Nähe des Klosterhügels, Bungalowvermietung)
  *Campingplatz*
  ul. Makuszyńskiego 57
  ☏ 4 67 55
  (mit Bungalowvermietung)
- **Restauranttips**
  Die Restaurants der Hotels bieten auch in Tschenstochau meist die problemloseste Möglichkeit, Essen zu gehen. Das Restaurant des Hotels Patria bietet eine gute, aber fantasielose polnische Küche. Außerhalb der Hotels stehen folgende Restaurants zur Verfügung, die jedoch eher der Sättigung als dem kulinarischen Genuß dienen:
  *Panorama*
  ul. Pilawki 2
  ☏ 22 11 21
  *Astoria*
  al. Najświętszej Marii Panny 46
  ☏ 4 13 11
  *Gastronomia*
  al. Najświętszej Marii Panny 6
  ☏ 4 43 69
  (Bratfett wird hier so üppig verwendet, als wäre es gerade im Sonderangebot.)
  *Jurata*
  al. Najświętszej Marii Panny 24
  ☏ 4 45 29
  *Sielanka*
  ul. Nowowiejskiego 4
  ☏ 4 24 51
- **Cafés**
  Außer den Cafés in den Hotels:
  *Adria*
  al. Zawadzkiego 58
  (bekannt für gutes Eis)
  *Ludowa*
  al. Najświętszej Marii Panny 16
  *Panorama,* ul. Pilawki 2
  *Prasowa*
  ul. Kilińskiego 38
  *Bombonierka*
  al. Najświętszej Marii Panny 28
  (im Sommer frische Obsttorten)
  *Teatralna*
  ul. Dąbrowskiego 5
  ☏ 4 62 35
  (nur Kaffee, kein Kuchen)

## Waldenburg und Fürstenstein — Service

- **Museen**
  *Jasna Góra*
  ul. ks. Kordeckiego 2, ☏ 4 50 87
  (Arsenal, Schatzkammer, Ritter-saal, 600-Jahre-Museum)
  *Bezirksmuseum* im alten Rathaus
  pl. Biegańskiego 45
  ☏ 4 32 75
  In dieser regionalgeschichtlichen Schau erhält man einen interessanten Überblick über die sogenannte »Route der Adlerhorste«. Diese Route erstreckt sich zwischen Tschenstochau und Krakau und bestand aus einer Kette von Burgen, die schwer einnehmbar meist auf Felsenerhebungen des Juramittelgebirges errichtet wurden. Heute ist von den meisten nur noch eine Ruine erhalten.
- **Unternehmungen**
  Besuch des Klosterhügels Jasna Góra (Leuchtender Berg). Wegen der Weiträumigkeit der Anlage und der Reichhaltigkeit der historischen Sammlungen, sollten sogar weniger religiös interessierte Besucher einen ganzen Tag für diesen Programmpunkt einplanen, besonders wenn man auch noch von dem Turm aus den Blick über die Stadt schweifen lassen möchte.
  Ausflug ins benachbarte **Olsztyn.** In diesem Ort erhebt sich die erste Ruine an der »Route der Adlerhorste«, über die man sich vorab im Bezirksmuseum von Tschenstochau informieren kann (siehe dort). Die auf Veranlassung Kasimier des Großen errichtete Burg wurde von den über Polen hinwegstürmenden Schweden 1655 geschleift. Von der romantisch anmutenden Ruine ließ sich der berühmte Dichter der polnischen Romantik Zygmunt Krasiński inspirieren, der auf einem benachbarten Gutshof schrieb.

## Waldenburg/Wałbrzych und Fürstenstein/Książ

Einwohner 150 000
- **Auskunft**
  *PTTK*
  ul. Lewartowskiego 5
  ☏ 2 40 52
- **Unterkunft**
  *Hotel Sudety*
  ul. Parkowa 15
  ☏ 7 74 31
  (häßliches Hochhaushotel)
  *Pension am Schloß Fürstenstein/Książ*
  ul. Piastów Śląskich 1
  ☏ 2 50 17
  *Wanderheim*
  pl. Tuwima 1
  ☏ 2 51 37
- **Restauranttips**
  Am besten ißt man im Hotel Sudety (Kategorie I), auch in der Pension am Schloß Fürstenstein steht ein Restaurant zur Verfügung.
  *Albatros*
  ul. Kościuszki 7
  ☏ 2 41 25
  (schlesische Küche)
  *Staropolska*
  Rynek 8
  ☏ 2 30 57
  *Centralna*
  ul. Kościuszki 6
  ☏ 2 41 55
  *Stylowa*
  ul. W. Broniewskiego 29
  ☏ 7 56 49
  (polnische und italienische Küche)
  *Kasztelańska*
  ul. Kasztelańska 1
  ☏ 7 32 56
  (mit Tanz am Abend)
- **Cafés**
  *Café im Hotel Sudety*
  *Barbórka*
  ul. Bellojanisa 10
  *Turystyczna*
  pl. Tuwima 1
- **Museum**
  *Regionalmuseum*
  ul. 1. Maja 9
  ☏ 2 48 45
  (mit reicher Porzellansammlung)
- **Unternehmungen**
  Besuch der Burg **Fürstenstein/Książ** (10 km nördlich).
  Ausflug nach **Landeshut/Kamienna Góra** (20 km westlich). Am Marktplatz haben hier die Häuser ihre spätbarocke Fassaden aus dem 18. Jahrhundert bewahren können. Laubengänge und bildhauerische Dekorationen ergänzen den harmonischen Gesamteindruck des Ensembles. Im Haus Nr. 24 ist ein Heimatmuseum un-

tergebracht. Von einem ehemals prächtigen Rennaissance-Schloß aus dem 16. Jahrhundert zeugen am nördlichen Stadtrand nur noch wenige Ruinen.

Ausflug nach **Schömberg/Chelmsko Śląskie.** In diesem auf verschlungenen Wegen nur mit dem Auto zu erreichenden Örtchen an der Grenze zur Tschechoslowakei kann man eine architektonische Besonderheit der Volksbauweise bestaunen. Die hölzernen Weberhäuser des Ortes bestehen aus einer Konstruktion, bei der das gesamte obere Geschoß auf neben dem Haus angebrachten Stelzen ruht. Der Grund: Die als Heimarbeiter tätigen Weber mußten Tag und Nacht an ihren vibrierenden Webstühlen arbeiten, um auf ihren kärglichen Lohn zu kommen. Um die sich erholenden Familienmitglieder nicht im Schlafe zu stören, durften die Vibrationen nicht auf die Schlafkammer des Obergeschosses übertragen werden. Das Elend der Schömberger wie auch der anderen Schlesischen Weber inspirierte den Nobelpreisträger Gerhart Hauptmann zu seinem Sozialdrama »Die Weber«.

In dem sich 8 km nördlich anschließenden **Bad Salzbrunn/Szczawne Zdrój** werden seit alters her die wertvollen Mineralquellen zur Heilung von Atemwegserkrankungen angewandt. Heute ist Bad Salzbrunn einer der größten polnischen Kurorte mit zahlreichen Sanatorien und Kurheimen. An der Geburt des Dichters Gerhart Hauptmanns am 15. November 1862 erinnert eine Gedenktafel an dem Sanatoriumsgebäude in der ul. Sienkiewicza 2.

## Zakopane und die Hohe Tatra

Einwohner 33 000 (Zakopane)
- **Auskunft**
  *PTTK*
  ul. Krupówki 12, ☎ 57 20
  (auch Vermittlung von Bergführern)
- **Unterkunft**
  In der Hauptsaison im Sommer (von Juni bis August) sowie in der Skisaison (Dezember bis Februar) sind die Übernachtungspreise oft doppelt so hoch wie in der Nebensaison.
  *Hotel Orbis-Kasprowy*
  Polana Szymoszkowa
  ☎ 40 11
  (vier-Sterne-Luxushotel mit sehr guter Küche)
  *Hotel Orbis-Giewont*
  ul. Kościuszki 1
  ☎ 20 11
  (hervorzuheben die Cocktailbar mit ausgefallenen Drinks)
  *Hotel Gazda*
  ul. Zaruskiego 2
  ☎ 50 11
  In der Saison bietet dieses gut geführte Haus das günstigste Preis-Leistungs-Verhältnis.
  *Hotel Morskie Oko*
  ul. Krupówki 20
  ☎ 50 77
  Ein solides Haus, das zu fairen Preisen seine Zimmer vermietet.
  *PTTK-Wanderheim*
  ul. Zaruskiego 5
  ☎ 32 07
  Dieses Wanderheim bietet meist weniger Erholung als vielmehr eine billige Übernachtungsmöglichkeit – 28 Betten sind in einem Schlafsaal.
  **Berghütten** in:
  *Kalatówki*
  ☎ 36 44
  *Polana Chochołowska*
  ☎ 40 79
  *Hala Ornak*
  ☎ 36 75
  *Hala Kondratowa*
  ☎ 52 14
  *Dolina Pięciu Stawów Polskich*
  *Dolina Roztoki*
  *Morskie Oko*
  *Campingplatz*
  ul. Żeromskiego
  ☎ 22 56
  *Campingplatz*
  ul. Droga do Olczy
  ☎ 22 60
  *Zimmernachweisbüro für Privatquartiere:*
  ul. Kościuszki 7
  ☎ 40 00
  (täglich von 8 bis 20 Uhr geöffnet)
  Wenn man über ein eigenes Fahr-

## Zakopane und die Hohe Tatra — Service

zeug verfügt, bietet es sich an, in einem der schönen Privatquartiere in der Umgebung Zakopanes zu übernachten. Fast immer ist man hier billiger und besser aufgehoben als in den Hotels des Ortes.

- **Restauranttips**

In allen Hotels befinden sich Restaurants und Cafés
*Jędruś*
ul. Świerczewskiego 5
*Cubałowka*
ul. Gubałówka
(neben der Seilbahn gelegen, kleine Gerichte, teuer).
*Kasprowy Wierch*
ul. Kasprowy Wierch
*Watra*
ul. Zamoyskiego 2
*Wierchy*
ul. Tetmajera 2
Die Gerichte geben sämtlichst vor, der regionalen Küche zu entstammen. Leider schließt sie schon um 19 Uhr.

- **Cafés**

*Europejska*
Krupówki 37
*Kmicic*
Staszica 11
(im Winter für seinen Glühwein bekannt)

- **Museen**

*Tatra-Museum*
Krupówki 10
☏ 52 05
(montags und dienstags geschlossen)
Dieses schon 1888 gegründete Museum zeigt sowohl eine große Sammlung der regionalen Volkskunst, als auch eine sehr lehrreiche naturkundliche Schau, in der man sich über die Fauna und Flora des Berglandes informieren kann.
Für den ausländischen Besucher weniger interessant sind die verschiedenen kleinen Museen, mit denen die Stadt an einige ihrer berühmtesten Gäste erinnert. Zakopane war stets auch ein beliebter Aufenthalts- und Schaffensort für nationale Kulturgrößen. Die Bildhauer Antoni Rząsa und Władysław Hasior werden ausgestellt. Auch dem Schriftsteller Jan Kaprowicz – von ihm stammt der berühmte Roman »Morskie Oko« – und dem Komponisten Karol Szymanowski sind eigene Ausstellungen gewidmet.

- **Unternehmungen**

Selbstverständlich bieten sich im Sommer Bergtouren und im Winter Skisport bei einem Aufenthalt in Zakopane an. Wenige Kilometer von Zakopane entfernt bildet die Tatra gestalt- und klimamäßig ganz andere Verhältnisse aus, und der Tourist sollte sich darauf einstellen: Man sollte sich möglichst nur auf den ausgeschilderten Wanderrouten bewegen. In den höheren Bergregionen ist auf jeden Fall auch im Sommer auf eine zweckmäßige Kleidung zu achten, denn ab einer Höhe von 1400 Metern muß mit plötzlichen Wetterumschlägen – also sogar mit Schneefall – gerechnet werden. Die meisten Unfälle sind wetterbedingt! Gruppen ab zehn Personen müssen von einem Bergführer geleitet werden.

Ausflug mit dem Auto nach Chochołów (20 km nordwestlich gelegen). Dieses Dorf ähnelt einem einzigen großen Freilichtmuseum, denn alle Bauernhäuser sind in der traditionellen Holzbauweise gehalten.

Die langen Täler der Westtatra, die zu den Berggipfeln im Hauptgebirgskamm führen, laden zu ausgedehnten Tageswanderungen ein. Im Kościeliska-Tal kann man die Schönheit der Landschaft aber auch von einer traditionellen Kutsche oder im Winter von einem Pferdeschlitten aus genießen. Im benachbarten Chochołowska-Tal ist eine landschaftlich ebenfalls sehr reizvolle, aber vor allem recht mühelose Wandertour ausgeschildert. Sie ist nach dem polnischen Papst Johannes Paul I. benannt, der hier vor zehn Jahren die Strecke erwanderte.

Ausflüge zu den Bergseen im östlichen Teil des Nationalparks. Der Morskie Oko (Meeresauge) ist der bekannteste und am einfachsten zu erreichen: Autobusse verkehren regelmäßig von Zakopane aus zum See.

Ausflug nach **Neumarkt/Nowy Targ**. Der kleine Ort liegt unterhalb von Zakopane. Neben neuerrichteten Industriebetrieben, die unter anderem Felle der in dieser Gegend gehaltenen Schafe zu Kürschnerwaren und Schuhen von traditioneller Form verarbeiten, ist Nowy Targ durch eine Gefängniszelle bekannt. Darin hielten die österreichischen Behörden im August 1914 Wladimir Iljitsch Lenin gefangen. In dem nahegelegenen Dorf **Biały Dunajec** wohnte der Vater der Oktoberrevolution in den Jahren 1913 bis 1914. Das Haus ist zu einem Museum umgestaltet. Ein weiteres Lenin-Museum kann man am Ortsrand des Dorfes Poronin besuchen. In diesem Holzhaus fanden die Begegnungen zwischen Lenin und den russischen Revolutionären statt. Die größte Touristenwanderung zwischen Zakopane und Neumarkt findet stets donnerstags statt, wenn in Neumarkt der seit vielen Jahren bekannte farbenprächtige Markt abgehalten wird.

Auch den Pieninen-Nationalpark und den dortigen Dunajec-Durchbruch kann man von Zakopane aus – mit dem Auto am bequemsten über Nowy Targ – im Rahmen eines Tagesausflugs besuchen.

# Zamość

Einwohner 58 000
- **Auskunft**
  *PTTK*
  ul. Staszica 31
  ☎ 56 87
- **Unterkunft**
  *Hotel Jubilat*
  al. Wyspiańskiego 1
  ☎ 64 01
  Dieses Hotel ist schmucklos, ohne besonderen Flair und trotzdem recht teuer. Wahrscheinlich ist dies der Grund dafür, daß die Zimmer meist leerstehen.
  *Hotel Renesans*
  ul. Grecka 6
  ☎ 20 01
  (ein modernes und komfortables Haus, dessen besonderer Vorteil die traumhaft schöne Lage in der Altstadt ist).
  *Hotel Sportowy*
  ul. Królowej Jadwigi 8
  ☎ 60 11
  Einfaches Hotel am Stadtrand neben dem Campingplatz gelegen, schlicht aber sauber. Hier ergeben sich Kontakte mit polnischen Jugendgruppen fast von selbst.
  *PTTK-Wanderheim*
  ul. Zamenhofa 11
  ☎ 26 39
  *Sommer-Jugendherberge*
  ul. Królowej Jadwigi 7
  (am Campingplatz gelegen)
  *Campingplatz*
  ul. Królowej Jadwigi
  ☎ 22 99
- **Restauranttips**
  *Jubilat*
  im Hotel al. Wyspiańskiego 1
  ☎ 64 01
  (geöffnet 7.30 bis 1 Uhr)
  *Hetmańska*
  ul. Staszica 7
  ☎ 25 63
  (geöffnet 10 bis 22 Uhr)
  Spezialität dieses Hauses ist der Rollbraten à la Zamoyski. Diese deftige Köstlichkeit geht angeblich auf ein von dem Stadtgründer persönlich kreiertes Rezept zurück.
  *Wiatrak*
  ul. Lwowska 55
  ☎ 59 22
  (stilvolle Einrichtung, geöffnet 13 bis 32 Uhr)
- **Museen**
  *Heimatmuseum*
  ul. Ormiańska 26
  (in einem alten Patrizierhaus am Großen Markt/Rynek Wielki)
- **Unternehmungen**
  Ausflug ins 35 km südlich gelegene **Tomaszów Lubelski**. Auch diese Stadt wurde von Jan Zamoyski gegründet. Das äußere Erscheinungsbild ist jedoch nicht mit Zamość zu vergleichen. Ausflug ins 32 km nördlich gelegene **Krasnystaw**. Die Stadt selbst hat außer einem barocken Jesuitenkloster aus dem Jahre 1685 nicht viel zu bieten. Die Fahrt dorthin jedoch führt durch eine wunderschöne und für Polen untypische Landschaft.

# Kleiner Sprachführer

Bei einem Besuch in Polen fällt auf, wie viele Menschen die deutsche Sprache zumindest in Ansätzen beherrschen. Auf der anderen Seite gibt es fast keine Deutschen, die polnisch sprechen. Dies ist sicher nicht nur auf die für die deutsche Zunge äußerst schwierige Aussprache und Betonung des Polnischen zurückzuführen. Die von polnischen Kultureinrichtungen in Deutschland immer wieder angebotenen Sprachkurse stoßen auf nur geringe Resonanz, während überall in Polen ein explosionsartiger Anstieg an deutschen Sprachkursen zu verzeichnen ist.

Längst ist Deutsch sowohl in den allgemeinbildenden Schulen und den Universitäten als auch in der Erwachsenenbildung die mit Abstand beliebteste Fremdsprache. Englisch und Französisch folgen weit abgeschlagen. Russisch – ehemals Pflichtfach – mag niemand mehr lernen.

Sicher wird daher bei einem Gespräch zwischen Deutschen und Polen der polnische Partner nicht erwarten, auf polnisch angesprochen zu werden, und wird stolz seine neu erworbenen Sprachkenntnisse erproben. Dennoch sollte es ein Zeichen der Höflichkeit und des Interesses an der fremden Kultur sein, sich einige Worte und Floskeln der fremden Sprache anzueignen. Der praktische Nutzen dieser bruchstückhaften Kenntnisse besteht weniger in der verbalen Verständigung, als vielmehr in dem Sympathiegewinn bei den Polen.

Die polnische Sprache gehört zur slawischen Sprachfamilie. Die Vokale werden kurz gesprochen, dabei sind die Verbindungen »au« und »eu« wie zwei einzelne Vokale auszusprechen. Alle zwei oder mehrsilbigen Wörter betont man im Polnischen grundsätzlich auf der vorletzten Silbe.

## Allgemeines

**Sprechen Sie Deutsch?** = czy mówi pan (m)/pani(f) po niemiecku? *[tsche muwi pan(i) po niemjezku]*
**Ich spreche kein Polnisch** = nie mówię po polsku *[nje muwje po polsku]*
**Ich verstehe nicht** = nie rozumiem *[nje rosumjem]*
**Guten Morgen / Guten Tag** = dzien dobry *[sprich: dschen dobre]*
**Gute Nacht** = dobranoc *[dobranots]*
**Auf Wiedersehen** = do widzenia *[do widzenia]*
**Hallo / Tschüß** = cześć *[tscheschtsch; nur zu Bekannten]*
**Bitte** = proszę *[proschäh]*
**Danke** = dziekuję *[dschenkujäh]*
**Verzeihung** = przepraszam *[pschepraszam]*
**Ja / Nein** = tak / nie *[tak / nje]*
**Vielleicht** = być może *[betsch mosche]*
**Einverstanden** = zgoda *[sgooda]*

# Kleiner Sprachführer

**Wann?** = kiedy? *[kjede]*
**heute** = dzisiaj *[dschischai]*
**gestern** = wczoraj *[ftschorai]*
**morgen** = jutro *[jutro]*
**Tag** = dzień *[dschen]*
**Woche** = tydzień *[tedschen]*
**Jahr** = rok *[rook]*
**Wo ist...?** = gdzie jest...? *[gdschie jest...?]*
**Wo ist eine Apotheke?** = gdzie jest apteka?
**Wo ist eine Toilette?** = gdzie jest toaleta?
**Darf ich die Toilette benutzen?** = czy mogę skorzystać z toalety? *[dsche mooge skorsistasch es toaleti]*
**geradeaus** = prosto *[proostoo]*
**links** = na lewo *[na leewo]*
**rechts** = na prawo *[na praawo]*
**gegenüber** = naprzeciw *[napscheschif]*
**Wieviel...?** = ile...? *[ile]*
**Wieviel kostet (das)?** = ile kosztuje...? *[ile koschtuje]*
**Haben Sie...?** = czy macie państwo...? *[tschy mazje państwo]*
**Die Rechnung bitte** = poprosze o rachunek *[poprosche o rachunek]*
**Zahlen!** = proszę placić! *[proschäh, puatschitsch]*
**Das ist zu teuer** = to za drogo *[to sa droogo]*
**billig** = tanio *[tanjo]*

## Zahlen

**Null** = zero *[sero]*
**Eins** = jeden *[jeden]*
**Zwei** = dwa *[dva]*
**Drei** = trzy *[tsche]*
**Vier** = cztery *[tschtere]*
**Fünf** = pięć *[pintsch]*
**Sechs** = sześć *[schechtsch]*
**Sieben** = siedem *[schedem]*
**Acht** = osiem *[oschem]*
**Neun** = dziewięć *[dschewintsch]*
**Zehn** = dziesięć *[dscheschentsch]*
**Elf** = jedenaśie *[jedenäschtsche]*
**Zwölf** = dwanaście *[dvanäschtsche]*
**Dreizehn** = trzynaście *[tschenäschtsche]*
**20** = dwadzieścia *[dvadischtscha]*
**21** = dwazieścia jeden *[dvadischtscha jeden]*
**30** = trzydzieści *[tschidscheschtschi]*
**40** = czterdzieści *[tschterdschjeschtschi]*
**50** = pięćdziesiat *[pintscheschunt]*
**100** = sto *[sto]*
**101** = sto jeden *[sto jeden]*

# Kleiner Sprachführer

usw.
**200** = dwieście *[dwjeschtschje]*
**300** = trzysta *[tschesta]*
**400** = czterysta *[tschterista]*
**500** = pięćset *[pintschzet]*
**600** = sześćset *[schechtschset]*
usw.
**1000** = tysiąc *[tischonz]*
**10 000** = dziesięć tysięcy *[dscheschentsch tischenze]*
**100 000** = sto tysięcy *[sto tischenze]*
**500 000** = piećset tysięcy *[pintschset tischenze]*
**1 000 000** = milion *[milion]*
**2 000 000** = dwa miliony *[dva milioni]*
usw.

## Hotel
**Hotel** = hotel *[hotel]*
**Betriebsferienheim** = hotel robotniczy *[hotel robotnitschi]*
**Zimmer** = pokój *[pokui]*
**Einzelzimmer** = pokój jednoosobowy *[pokui jednoosobowie]*
**Doppelzimmer** = pokój dwuosobowy *[pokui dwouosobowie]*
**Rezeption** = recepcja *[rezepzia]*
**Ich möchte übernachten** = chciałbym (m)/chciałabym (f) przenocować *[tschawbim / tschawuabim pschenozowaz]*
**Haben Sie ein Zimmer frei?** = czy macie Panstwo wolny pokój? *[tschi mazje panstwo wolni pokui]*
**Für einen Tag** = na jeden dzień *[ na jeden dschen]*
**Für eine Woche** = na jeden tydzień *[na jeden tidschen]*
**Ich möchte ein Zimmer mit Dusche/Bad** = chciałbym (m)/chciałabym (f) pokoj z prysznicem / łazienką *[tschawbim/tschawuabim pokui z prischnizem/ouasjenka]*
**Ist das Zimmer ruhig?** = czy to cichy pokój *[tschi to tschichi pokui]*
**Kann man ein Kinderbett aufschlagen?** = czy można dostawić dzicinne łożko *[tschi mosna dostawizdschenzähze wuschko]*

**Wo ist der Speisesaal?** = gdzie jest jadalnia *[gdschje jest jadalnia]*
**Wann gibt es Frühstück?** = kiedy jest śniadanie *[kjede jest snjadanje]*
**Mittagessen** = obiad *[objad]*
**Abendessen** = kolacja *[kolazja]*
**Die Rechnung bitte** = Poproszę (o) rachunek *[poprosche (o) rachunek]*
**Zahlen!** = proszę płacić! *[puatschitsch]*

## Post / Telefon
**Post** = poczta *[potschta]*

## Kleiner Sprachführer

**Postkarte** = pocztówka *[potschtuvka]*
**Ansichtskarte** = widokówka *[widokuvka]*
**Brief** = list *[list]*
**Briefmarke** = znaczek pocztowy *[snatschek potschtowe]*
**Ich möchte diese Postkarte nach Deutschland schicken** = chciałbym (m) / chciałabym (f) tę kartę wysłać do Niemiec
*[tschawbim/tschauwabim te karte wislaz do Njemjez]*
**Haben Sie Briefmarken?** = czy macie Państwo znaczki pocztowe
*[tschi mazje panstwo snatschki potschtowe]*
**Telefon** = telefon *[telefon]*
**Telefonzelle** = budka telefoniczna *[budka telefonitschna]*
**Telefonmünze** = żeton do aparatu telefonicznego
*[scheton do aparatu telefonitschnego]*
**Wo kann ich telefonieren?** = skąd mogę zatelefonować
*[skad moge satelefonowatch]*
**Ich möchte nach Deutschland telefonieren** = chciałbym (m) / chciałabym (f) zadzwonić do Niemiec
*[tschawbim / tschauwabim sadswonitch do Njemjez]*
**Telefonnummer** = numer telefonu *[numer telefonu]*
**Vorwahlnummer** = numer kierunkowy *[numer kjerrunkowe]*
**Falsch verbunden!** = źle połączone *[sle powahtschone]*
**Ich höre / Hallo / Ja bitte?** = słucham *[suham]*

### Hinweise
**Stój** = Halt!
**Ostrożnie oder Uwaga** = Vorsicht oder Achtung
**Przejście wzbronione** = Durchgang verboten
**Ulica jednokierunkowa** = Einbahnstraße
**Objazd** = Umleitung
**Koniec** = Ende
**Grozi śmiercią** = Lebensgefahr
**Toalety** = Toiletten
**Dla Kobiet** = Damen
**Dla Mężczyn** = Herren
**Ciepła** = warm
**Zimna** = kalt
**Informacja** = Auskunft
**Wymiana Walut** = Geldwechsel
**Kantor** = Wechselstube
**Bank** = Bank
**Bar mleczny** = Milchbar
**Kawiarnia** = Café
**Restauracja** = Restaurant
**Piekarnia** = Bäckerei
**Sklep mięsny** = Fleischerei
**Sklep spożywczy** = Lebensmittelgeschäft

# Kleiner Sprachführer

**Zamknięte** = Geschlossen
**Zarezerwowany** = Reserviert
**Parking strzeżony** = Bewachter Parkplatz

## Im Restaurant
**Ober** = kelner *[kelner]*
**Ich möchte...** = chciałbym (m) / chciałabym (f) ...
*[tschawbim/tschauwabim ...]*
**Ich möchte gerne zahlen** = chciał(a)bym zapłacić
*[tschawbim/tschauwabim sapuazitsch]*
**Brot** = chleb *[chleb]*
**Kuchen** = ciastko *[tschiastko]*
**Butter** = masło *[maswo]*
**Zucker** = cukier *[sukjer]*
**Salz** = sól *[sul]*
**Pfeffer** = pieprz *[pjeprsch]*
**Essig** = ocet *[otzet]*
**Öl** = olej *[oléj]*
**Milch** = mleko *[mleko]*
**Saft** = sok *[sok]*
**Obst** = owoce (pl) *[owoze]*
**Käse** = ser *[βer]*
**Wurst** = kiełbasa *[kjeuabaβa]*
**Schinken** = szynka *[tschenka]*
**Suppen**
**Barszcz (z pasztecikiem)** = Rote-Rüben-Suppe (mit Pastetchen)
*[barschtsch (s paschtezikjem)]*
**Chłodnik** = Kalte Rote-Rüben-Suppe *[chuaodnik]*
**Flaki** = Kuttelsuppe *[flaki]*
**Rosół** = Klare Suppe *[rosow]*
**Zupa szczawiowa** = Sauerampfersuppe *[supa schtschawiowa]*
**Zupa pomidorowa** = Tomatensuppe *[supa pomidorowa]*
**Żurek** = Saure Roggenmehlsuppe *[surek]*

## Hauptgerichte
**Bigos** = Sauerkraut und Weißkohl mit Fleisch- und Wurststückchen
*[bigoβ]*
**Brizol** = Rindersteak *[brisol]*
**Dzik** = Wildschwein *[dsik]* (ganzes Tier)
**Jeleń** = Hirsch *[jelen]* (ganzes Tier)
**Kaczka** = Ente *[kaschka]* (ganzes Tier)
**Kiełbasa** = Wurst (gegrillt oder gekocht) *[kjeuabaβa]*
**Kotlet schabowy** = Schweinefilet *[kotlet schabowe]*
**Kurczę** = Hähnchen *[kurtsche]*
**Pieczeń** = Braten *[pjetschen]*
**Pierogi** = Piroggen (gefüllte Teigtäschchen) *[pjerogi]*

# Kleiner Sprachführer

**Polędwica** = Rinderfilet *[polähndwiza]*
**Rolada** = Roulade *[rolada]*
**Sarna** = Reh *[βarna] (ganzes Tier)*
**Schąb** = Schweinefleisch *[schab]*
**Zajac** = Hase *[sajoz] (ganzes Tier)*

**Ryba** = Fisch *[reba]*
**Dorsz** = Dorsch *[dorsch]*
**Flądra** = Scholle *[flondra]*
**Karp** = Karpfen *[karp]*
**Łosoś** = Lachs *[woβoβ]*
**Pstrąg** = Forelle *[pstrag]*
**Śledś** = Hering *[schledsch]*

**Dodatki** = Beilagen *[dodatki]*
**Jarzyny** = Gemüse *[jarsine]*
**Kluski** = Klöβe *[kluβki]*
**Makaron** = Nudeln *[makaron]*
**Ryz** = Reis *[res]*
**Sałatka** = Salat *[βawatka]*
**Ziemniaki** = Kartoffeln *[sjemnjaki]*

**Napoje** = Getränke *[napoje]*
**Herbata** = Tee *[herbata]*
**Kawa** = Kaffee *[kawa]*
**Piwo** = Bier *[piwo]*
**Szampan** = Sekt *[schampan]*
**Wino** = Wein *[wino]*
**czerwone wino** = Rotwein *[tscherwone wino]*
**Białe wino** = Weißwein *[biawe wino]*
**Woda mineralna** = Mineralwasser. *[woda mineralna]*

**Zum Wohl** = na zdrowie *(na sdrowje)*

## Notfälle
**Polizei** = Policja *[polizja]*
**Ich bin bestohlen worden** = zostałem okradziony (m) / zostałam okradziona (f) *[soβtauwem okradschjoni/soβtauwam okradschjona]*
**Feuerwehr** = straż pożarna *[βtraschposcharna]*
**Krankenwagen** = karetka pogotowia *[karetka pogotowia]*
**Unfall** = wypadek *[wepadek]*
**Hilfe!** = ratunku! pomocy! *[ratunku! pomoze]*

## Arzt / Apotheke
**Arzt** = Lekarz *[lekarsch]*
**Zahnarzt** = dentysta *[dentista]*

# Kleiner Sprachführer

**Krankenhaus** = szpital *[schpital]*
**Ich habe ...** = mam ... *[mam]*
**Fieber** = temperatura *[temperatura]*
**Kopfschmerzen** = ból głowy *[bul gwuowe]*
**Bauchschmerzen** = ból brzucha *[bul brsucha]*
**Zahnschmerzen** = ból zęba *[bul sähmba]*
**Erkältung** = przeziebienie *[pschesjähbjenje]*
**Apotheke** = apteka *[aptekas]*
**Haben Sie** = czy macie Państwo *[tschi matsche panstwo]*
**Haben Sie etwas gegen ...** = czy macie Panstwo coś na ... *[tschi matsche panstwo zosch na...]*
**Aspirin** = aspiryna *[aspirena]*
**Binde** = bandaż *[bandasch]*
**Tampon** = podpaski *[podpaßki]*
**Kondome** = prezerwatywy *[preservative]*
**Sonnencreme** = krem do opalania *[krem do opalania]*
**Sonnenbrand** = słoneczne oparzenie *[swonetschne oparsenje]*

## Verkehrsmittel
**Auto** = auto *[auto]*
**Straße** = ulica *[uliza]*
**Autobahn** = autostrada *[autostrada]*
**Bus** = autobus *[autobus]*
**Bushaltestelle** = przystanek autobusowy *[pschistanek autobusowe]*
**Endstation** = stacja końcowa *[ßtazja konzowa]*
**Bahn** = kolej *[kolej]*
**Bahnhof** = dworzec kolejowy *[dwoschez kolejowe]*
**Bahnstation** = stacja kolejowa *[stazja kolejowa]*
**Bahnsteig** = peron *[peron]*
**Gleis** = tor *[tor]*
**Flugzeug** = samolot *[ßamolot]*
**Flugplatz** = lotnisko *[lotnißko]*
**Fahrkarte** = bilet *[bilet]*
**Fahrkartenschalter** = kasa biletowa *[kasa biletowa]*
**Einen Fahrschein bitte!** = proszę bilet! *[proschäh bilet]*
**Einmal Warschau und zurück** = jeden bilet do Warszawy i z powrotem *[jeden bilet do Warschawe i s powrotem]*
**Wie komme ich nach...?** = jak dojadę do...? *[jak doidajäh do...?]*
**umsteigen** = przesiadać się *[pscheßjadatsch sjäh]*

# Register

**A** Annaberg/Góra Świętej Anny 40
Auschwitz/Oświęcim 89 f

**B** Beskid Zachodni/
Westbeskiden 91
Beskiden/Beskidy 91 ff
Beskidy/Beskiden 91 ff
Bielitz/Bielsko-Biała 91
Bielsko-Biała/Bielitz 91
Bierutowice/Brückenberg 48
Błędów 41
Bledower Wüste/
Pustynia Błędowska 40 f
Bolesławiec/Bunzlau 42 f
Breslau/Wrocław 62 ff
Brieg/Brzeg 41 f
Brückenberg/Bierutowice 48
Brzeg/Brieg 41 f
Bukowina Tatrzańska 102
Bunzlau/Bolesławiec 42 f

**C** Cieplice Śląskie Zdrój/
Warmbrunn 44
Czarny Staw 102
Częstochowa/
Tschenstochau 9, 96 ff

**F** Fürstenstein/Książ 56 f

**G** Glatz/Kłodzko 43
Gleiwitz/Gliwice 46
Gliwice/Gleiwitz 46
Góra Świętej Anny/Annaberg 40

**H** Hirschberg/Jelenia Góra 43 f
Hohe Tatra/
Tatary Wysokie 89, 101 ff

**J** Jelenia Góra/Hirschberg 43 f

**K** Kalwaria Zebrzydowska 9
Karkonosze/
Riesengebirge 39, 46 ff
Karpacz/Krummhübel 46 ff
Karpaten/Karpaty 89
Karpaty/Karpaten 89
Katowice/Kattowitz 45 f
Kattowitz/Katowice 45 f
Kłodzko/Glatz 43
Krakau/Kraków 9, 72 ff
Kraków/Krakau 9, 72 ff
Kreisau/Krzyżowa 55 f
Krummhübel/Karpacz 46 ff
Krzyżowa/Kreisau 55 f
Książ/Fürstenstein 56 f

**L** Łańcut 94
Legnica/Liegnitz 50 ff
Legnickie Pole/Wahlstatt 52
Liegnitz/Legnica 50 ff

**M** Morskie Oko 102

**N** Neisse/Nysa 52 f
Neusandez/Nowy Sącz 91 ff
Nowy Sącz/Neusandez 91 ff
Nysa/Neisse 52 f

**O** Olkusz 41
Opole/Oppeln 53 ff
Oppeln/Opole 53 ff
Oświęcim/Auschwitz 89 f

**P** Paczków/Patschkau 53
Patschkau/Paczków 53
Pieninen-Nationalpark 92
Pustynia Błędowska/
Bledower Wüste 40 f

**R** Riesengebirge/
Karkonosze 39, 46 ff
Rysy 103
Rzeszów 94

**S** Saybusch/Zywiec 8,91
Schneekoppe/Śnieżka 46, 49 f
Schweidnitz/Świdnica 55 f
Śnieżka/Schneekoppe 46, 49 f
Sobótka/Zopten 68
Solina 93
Sromowce Wyżne 92
Sudeten/Sudety 39, 46 ff
Sudety/Sudeten 39, 46 ff
Świdnica/Schweidnitz 55 f
Szczawnica 93
Szczyrk 91

**T** Tarnów 95
Tarnowitz/
Tarnowskie Góry 45 f
Tarnowskie Góry/
Tarnowitz 45 f
Tatary Wysokic/
Hohe Tatra 89, 101 ff
Trebnitz/Trzebnica 68
Trzebnica/Trebnitz 68
Tschenstochau/
Częstochowa 9, 96 ff

**W** Wahlstatt/Legnickie Pole 52
Wałbrzych/Waldenburg 56 f
Waldenburg/Wałbrzych 56 f
Warmbrunn/
Cieplice Śląskie Zdrój 44
Westbeskiden/
Beskid Zachodni 91
Wrocław/Breslau 62 ff

**Z** Zakopane 101 ff
Zamość 103 ff
Zopten/Sobótka 68
Zywiec/Saybusch 8, 91

*In dieser Begleitung gibt es keine ausgetretenen Pfade...*

# »Der Reisebegleiter«

**Potsdam**
**Rügen mit Hiddensee und Stralsund**
**Brandenburg / Nord**
**Brandenburg / Süd**
**Die Uckermark**
**Der Spreewald**
**Der Harz**
**Ostseeküste / Mecklenburg-Vorpommern**
**Mecklenburgische Seenplatte**

**Polen / Nord**
**Zentralpolen**
**Polen / Süd**                  je 19,80 DM

**Hiddensee**
**Schloß Rheinsberg und Umgebung**
**Kloster Chorin und Umgebung**     je 9,80 DM

**Tagestouren um Berlin**          16,80 DM

Stand Juli 1992